5만번 응답받은 뮬러의 기도비밀 저자

열정적 주님 사모

홍일권 (+ 박에스더) 씀

PSC
PURUN SEOUL CORPORATION

머리말

기도는 신비로운 영역입니다. 기도는 판단의 영역이 아닙니다. 기도는 정말 어려운 영역입니다. 기도는 비교도 자랑할 것도 없는 은혜의 영역입니다. 기도는 그분의 은혜를 절대적으로 의존해야만 하는 영역입니다. 기도는 성령님의 절대적인 도움 없이는 불가능한 일입니다. 기도는 그저 '주님, 불쌍히 여기소서!' 하며 나아갈 뿐입니다. 기도를 많이 할수록 고개가 숙여집니다. 기도를 많이 할수록 더 큰 죄인임을 발견하며 그분 앞에 나아갑니다.

그런데 그분은 너무나 큰 긍휼로 우리를 대화할 수 있는 존재로 부르셨습니다. 우린 그분의 은혜로 십자가를 바라보며 하나님과 대화합니다. 아픈 것, 속상한 것, 힘든 것, 바라는 것, 모든 부분을 가지고 그분 앞에 고백하며 대화합니다.

그분과의 기도관계는 그분을 사모하는 마음의 열정과 밀접합니다. 그분을 사모하는 만큼, 그분이 은혜를 주시는 만큼 우리는 그분을 더 가까이 하며 더 친밀한 대화 속으로 들어갈 수 있습니다. 그분이 원하시는 모습으로 점점 변해가며 그분의 뜻을 준행하는 것은 더욱 소중합니다. 그리고 그분 안에서 평화와 쉼을 누립니다.

여기에 기록된 두 사람의 기도는 다른 이보다 월등하게 훌륭한 기도의 삶을 살기 때문이 아니라 오히려 더 부족합니다. 그저 십자가 바라보며 주님이 영광을 받으시기만 바랄 뿐입니다. 더 유능한 분들이 많이 있음에도 불구하고 이 글을 통해서 주님이 받으실 영광을 바라보며 용기를 내어 기록했습니다. 또 제 글 뒤쪽에는 피아노로 아이들을 가르치며 오랜 세월 동안 기도의 노트를 써오신 박에스더님의 소중한 기도들을 담았습니다.

본서를 기록한 동기는 기도를 통해서 내려주시는 은혜를 함께 나누며 더 뜨겁게 경험하고 싶어서입니다. 또 기도를 통해서 그분으로 하여금 영광을 받으시고 크신 은혜 베푸실 것을 독자분들과 함께 기대하고 싶기 때문입니다.

주님은
우리의 믿음과 기도를 통해서 상처를 치유하십니다.
우리의 믿음과 기도를 통해서 질병을 치유하십니다.
우리의 믿음과 기도를 통해서 문제를 치유하십니다.
우리의 믿음과 기도를 통해서 복된 문들을 여십니다.
우리의 믿음과 기도를 통해서 승리의 산성이 세워집니다.
우리의 믿음과 기도를 통해서 어둠의 권세를 깨뜨립니다.
우리의 믿음과 기도를 통해서 사역의 동역자로 세워주십니다.

그분과의 기도는 은혜를 경험합니다.
그분과의 기도는 기적을 낳습니다.
기분과의 기도는 치유를 낳습니다.
그분과의 기도는 행복을 낳습니다.
그분과의 기도는 소망을 낳습니다.
그분과의 기도는 사랑을 낳습니다.

   그분과의 기도는 우리의 힘으로 감당할 수 없는 것들을 하나님께서 하시도록 수종드는 놀라운 동역입니다. 본기도의 약한 부분은 그냥 잊어버리시고 좋은 부분만 가지고 함께 기도의 고백으로 공유하면서 기도의 사람으로 성장하면 좋겠습니다.

홍일권

차 례

홍일권의 열정적 주님사모 기도

박에스더의 열정적 주님사모 기도

Chapter 1
주님의 위로 사모

잠잠히 다가오시는 위로의 주님이시여

나의 사랑하는 주님께서
풍랑에 휩싸인 제자들에게 다가오듯이
슬픔에 쌓여 눈물이 고여 있는 나를 향해
멀리서 보시고 다가오십니다.

잔잔한 이슬비처럼,
잔잔한 뭉게구름처럼,
잔잔한 미소를 지으시며 다가오십니다.

물에 빠져가는 베드로를 구출하시기 위해
물 위로 잔잔히 걸어오시듯이 저에게 잔잔히 걸어오십니다.
두 팔을 벌리고 말씀하십니다.
"나의 사랑하는 제자야!
내가 널 사랑하고 있단다.
네가 무척 힘들어하고 있구나.
슬픔의 바다에 잠겨 허우적거리며 고통받고 있구나."

그러고는 아무 말씀도 하지 않으시고
눈물을 닦아주시고 부드러운 격려의 손을 내미십니다.
너무나 인자하고 온유하신 그분이

슬픔의 빛, 절망의 빛에 휩싸인 저희들을 바라보면서
조용하게 다가오십니다.

우린 넘어졌으나 주님은 일으켜 주셨습니다.

우린 허우적거리나 주님은 손을 잡아 주십니다.

우린 희망을 잃었으나 주님은 희망을 주십니다.

우린 기쁨을 잃었으나 주님은 기쁨을 주십니다.

우리의 애끓는 그 마음 아시고 위로해 주십니다.

눈물이 희락으로 변하는 순간입니다.

소망의 꽃이 피어오르고 있습니다.

오 주님이시여, 감사드립니다.

환난 날에 나를 부르라 내가 너를 건지리니 네가 나를 영화롭게 하리로다 (시편 50:15)

예수께서 깨어 바람을 꾸짖으시며 바다더러 이르시되 잠잠하라 고요하라 하시니 바람이 그치고 아주 잔잔하여지더라 (마가복음 4:39)

외롭지 않습니다

주님, 당신을 만났기 때문에 외롭지 않습니다.
주님, 당신을 보았기 때문에 외롭지 않습니다.
주님, 당신과 함께 살기 때문에 외롭지 않습니다.
주님, 당신과 이야기할 수 있어 외롭지 않습니다.

구름이 끼는 날에도 외롭지 않습니다.
바람이 부는 날에도 외롭지 않습니다.
폭풍이 휘몰아치는 날에도 외롭지 않습니다.
손해를 보아도 외롭지 않습니다.
억울함을 당해도 외롭지 않습니다.
가난해도 외롭지 않습니다.
사람들이 떠나가도 외롭지 않습니다.
홀로 되어도 외롭지 않습니다.

그럴수록 주님 당신이 더욱 가까이 하시기 때문입니다.
세상 끝날까지 함께 해주시기로 약속하신 주님 때문입니다.
이 세상 살 동안 주님이 곁에 계시니 더 이상 외롭지 않습니다.

주께서는 보셨나이다 주는 재앙과 원한을 감찰하시고 주의 손으로 갚으려 하시오니 외로운 자가
주를 의지하나이다 주는 벌써부터 고아를 도우시는 이시니이다 (시편 10:14)

참 과부로서 외로운 자는 하나님께 소망을 두어 주야로 항상 간구와 기도를 하거니와 (디모데전
서 5:5)

용서의 주님이시여

용서의 능력이 되시는 주님,

당신은 위대한 용서를 실천하셨습니다.

제자들의 어리석음을 이해하시고 끝까지 참고 용서하셨습니다.

베드로가 당신을 부인할 때에도 당신은 기다리셨습니다.

일곱 번씩 일흔 번이라도 용서하라고 하셨습니다.

십자가 위에서 위대한 용서의 기도를 드리셨습니다.

인류의 위대한 구원을 이루시려고 위대한 용서를 이루셨습니다.

우린 남을 용서하는데 종종 주저합니다.

과거의 것들이 뇌리에 스쳐 고민합니다.

과거에 받은 상처에 집착하며 오래 간직하려 합니다.

주님의 더 크고 위대한 용서의 사랑을 깨닫지 못하고 있습니다.

이제 주님처럼 용서를 행하고 용서를 받으렵니다.

당신의 위대한 용서를 배우고 싶습니다.

주님께서 주기도문을 통해 용서의 기도를 가르치셨습니다.

주님께서 용서를 보이신 것처럼 그렇게 용서로 살게 해 주소서.

그 때에 베드로가 나아와 이르되 주여 형제가 내게 죄를 범하면 몇 번이나 용서하여 주리이까 일곱 번까지 하오리이까 예수께서 이르시되 네게 이르노니 일곱 번뿐 아니라 일곱 번을 일흔 번까지라도 할지니라 (마태복음 18:21–22)

주님, 회개합니다

주님,
저는 죄인입니다.
죄는 죄를 먹고 마시며 살아갑니다.
죄가 너무 많아 그 짐이 너무 무겁습니다.
제가 태어나서 지금까지 지은 모든 죄를
헤아린다면 머리털보다 더 많습니다.
어찌 주님을 뵈올 수 있겠습니까.

하지만 사랑의 주님,
제 연약함을 아시는 주님,
제 허물을 아시는 주님,
제가 주님의 피로 정결케 해 주소서.
당신의 피가 진홍 같이 붉은 죄를 눈처럼 희게 씻으리이다.
제 죄악보다 당신의 용서와 긍휼이 더 크옵니다.
당신의 크신 사랑으로 인하여 십자가를 바라보게 해주셨습니다.
값없이, 무조건적으로 사랑하시고 택하신 은혜가 놀랍습니다.
저는 마땅히 죽어야 하는 존재였을 때
주께서는 제게 사랑으로 다가오셨습니다.

죄짐으로 쓰러져 방황하고 있을 때

주님은 제게 사랑으로 다가오셨습니다.

그리하여 저는 다시금 당신의 피로 씻음받고

이제 주님의 백성으로 살아갑니다.

주님의 은혜와 사랑은 그저 놀랍고 감사할 따름입니다.

당신의 값없는 십자가 은혜를 늘 기억하고 있습니다.

그 은혜를 가지고 감격 속에서 살게 하소서.

눈물로도 갚을 수 없는 그 은혜의 샘 곁에서...

그 주님의 사랑의 샘 곁에서 주님을 노래하고 싶습니다.

주님을 찬양하고 감사하며 주님을 높이고 싶습니다.

주님의 뜻을 온 세상에 전하고 싶습니다.

주님의 복음을 온 세계에 전하고 싶습니다.

당신의 그 십자가 은혜를!

당신의 그 부활의 생명을!

당신의 그 값없는 무한한 은혜를!

내가 의인을 부르러 온 것이 아니요 죄인을 불러 회개시키러 왔노라 (누가복음 5:32)

내가 너희에게 이르노니 이와 같이 죄인 한 사람이 회개하면 하늘에서는
회개할 것 없는 의인 아흔아홉으로 말미암아 기뻐하는 것보다 더하리라
(누가복음 15:7)

복음 때문에 더 낮아지게 하소서

사랑하는 주님,

높아지려는 욕심이 십자가에 못박히게 하소서.

더 많이 소유하려는 마음도 십자가에 못박히게 하소서.

복음의 가치를 제대로 깨닫게 하사

세상의 그 어떤 것도 복음의 비밀을 앞서지 않게 하소서.

권세도

명예도

성공도

인기도

재산도

지식도

학위도

가정도

그 어떤 것들도 복음보다 앞서지 않게 하소서.

복음을 위해서 앞서간 믿음의 선진들은 생명까지 내어놓았습니다.

천국을 위해서 기꺼이 고난을 받고 모든 것들을 잃었습니다.

그 복음을 위해서 주님의 선한 용사로 살게 하소서.

그 복음을 위해서 희생되는 것을 두려워하지 말게 하소서.

그 복음을 위해서 어떤 것도 아까워하지 않게 하소서.

대신 욕을 받으신 주님이시여,

복음을 위해서 욕을 달게 받을 수 있는 담대함도 주시고

복음을 위해서 거창한 야망들을 다 내려놓게 하소서.

오로지 복음을 위한 사람으로 변화시켜 주소서.

복음 때문에 가난하게 되는 것을 수용하게 하소서.
복음 때문에 낮아지는 것을 기쁨으로 수용하게 하소서.
복음 때문에 손해보는 것을 두려워하지 말게 하소서.

더 작아지게 하시고
더 낮아지게 하시고
더 내려가게 하시고
더 비우게 하소서.

아무리 먼 길일지라도
당신의 모습만 채우고 따라가는 것,
당신의 말씀만 채우며 따라가는 것,
당신의 음성만 들으며 따라가는 것,
이것이 가장 단순하고 복된 삶임을 알게 하소서.

내가 복음을 부끄러워하지 아니하노니 이 복음은 모든 믿는 자에게 구원을 주시는 하나님의 능력
이 됨이라 먼저는 유대인에게요 그리고 헬라인에게로다 (로마서 1:16)

그러므로 너는 내가 우리 주를 증언함과 또는 주를 위하여 갇힌 자 된 나를 부끄러워하지 말고
오직 하나님의 능력을 따라 복음과 함께 고난을 받으라 (디모데후서 1:8)

평안의 근원이 되시는 주님이시여!

반목과 투쟁으로 얼룩진 지구촌...
평안이 없는 지구촌에 찾아와 주소서.
평안이 없는 이곳에 찾아와 주소서.
당신의 평화를 기다립니다.
두 살 이하의 아기를 버리라고 명령이 떨어진 마을,
살벌했던 예루살렘 주변의 작은 마을,
그 베들레헴에 주님이 찾아오셨습니다.

평안이 없는 저희 마을에도 찾아와 주소서.
평안이 없는 저희 동네에도 찾아와 주소서.
평안이 소멸된 이 땅의 교회에 다시금 찾아와 주소서.
평안이 소멸된 저희들의 심령에 다시금 찾아와 주소서.

마르다처럼 분주한 많은 일보다
마리아처럼 당신의 발아래 내려가서 주의 말씀을 듣게 하소서.
요셉처럼 시련 중에라도 당신의 평안으로 충만하게 하소서.
환경을 가지고 탓하지 말게 하소서.
타인을 탓하지 말게 하소서.
나이를 탓하지 말게 하소서.
부모를 탓하지 말게 하소서.

오직 자신을 탓하게 하소서.

오직 당신의 평안을 공급받아

당신의 뜻을 위해 묵묵히 길을 가게 하소서.

지극히 높은 곳에서는 하나님께 영광이요 땅에서는 하나님이 기뻐하신 사람들 중에 평화로다 하니라 (누가복음 2:14)

평강의 주께서 친히 때마다 일마다 너희에게 평강을 주시고 주께서 너희 모든 사람과 함께 하시기를 원하노라 (데살로니가후서 3:16)

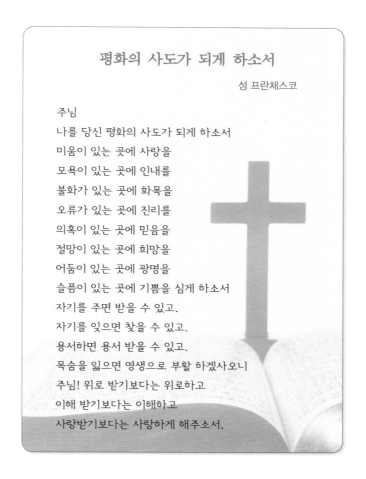

평화의 사도가 되게 하소서

성 프란체스코

주님
나를 당신 평화의 사도가 되게 하소서
미움이 있는 곳에 사랑을
모욕이 있는 곳에 인내를
불화가 있는 곳에 화목을
오류가 있는 곳에 진리를
의혹이 있는 곳에 믿음을
절망이 있는 곳에 희망을
어둠이 있는 곳에 광명을
슬픔이 있는 곳에 기쁨을 심게 하소서
자기를 주면 받을 수 있고.
자기를 잊으면 찾을 수 있고.
용서하면 용서 받을 수 있고.
목숨을 잃으면 영생으로 부활 하겠사오니
주님! 위로 받기보다는 위로하고
이해 받기보다는 이해하고
사랑받기보다는 사랑하게 해주소서.

성령의 바람으로 위로하소서!

성령의 바람을 사모합니다.
성령의 바람으로 채워주소서.
오~주님,
성령이 오시니 행복합니다.
성령이 임하시니 영혼이 춤을 춥니다.
성령이 임하시니 심령이 회복됩니다.
성령을 통해 하늘의 희락을 느낍니다.
성령의 임재를 늘 사모하게 하소서.
성령의 임재로 죄와 어둠을 태우소서.
성령이 이끌려 사는 것이 행복입니다.
성령이 좋습니다.

성령님이시여~
이곳에 오소서.
제 심장에 오소서.
제 가정에 오소서.
제 일터에 오소서.
제 심령을 위로하소서.
제 심령을 치유하소서.
제 영혼을 치유하소서.
제 몸을 치유하소서.
제 삶을 치유하소서.
제가 걸을 때 항상 성령의 바람을 주소서.

제가 말할 때 항상 성령의 바람을 주소서.

제가 말씀을 공부할 때 항상 성령의 지혜를 주소서.

이 땅의 교회와 지구촌 영혼들에게 성령으로 충만케 하소서.

예수께서 성령의 충만함을 입어 요단강에서 돌아오사 광야에서 사십 일 동안 성령에게 이끌리시며 (누가복음 4:1)

그들이 다 성령의 충만함을 받고 성령이 말하게 하심을 따라 다른 언어들로 말하기를 시작하니라 (사도행전 2:4)

주님, 당신은 빛이십니다!

당신은
마음이 상처받고 아픈 사람들에게
치유의 빛이 되십니다.

당신은
몸이 심란하게 아픈 사람들에게
치유의 빛이 되십니다.

당신은
삶이 고통스럽고 아파하는 사람들에게
치유의 빛이 되십니다.

당신은
자신을 싫어하고 미워하는 사람들 앞에서
용서의 빛이 되십니다.

당신은
마음이 삭막한 사람들에게
사랑의 빛이 되십니다.

당신은
길을 잃고 헤매는 사람들에게
말씀의 빛이 되십니다.

당신은
말벗을 잃어버린 사람들에게
대화의 빛이 되십니다.

당신은
슬픔에 잠겨 있는 사람들에게
위로의 빛이 되십니다.

당신은
절망의 계곡에서 힘들어하는 사람들에게
희망의 빛이 되십니다.

당신은
목마른 사막에서 허우적거리며 헤매는 사람들에게
생수의 길로 인도하시는 빛이 되십니다.

Chapter 2
주님의 은혜 사모

은혜의 깊은 샘물이 되게 하소서!

사랑하는 주님,
샘물처럼 살게 하소서.
산 속 깊은 냇가에서 물고기들이 살듯이,
제 속에 생명이 살게 하소서.
샘물이 흐르듯이,
제 속에 생명이 흐르게 하소서.

생수의 근원이신 주님이시여,
그리스도께서 영원한 생수의 근원이 되신 것처럼
저희들도 그 생수를 받아먹고 그런 생수의 물이 흐르게 하소서.

생수의 실개천이 되고,
생수의 우물이 되고,
생수의 샘물이 되게 하소서.

깊은 산속에서 흐르는 샘물처럼
당신의 샘물로 적셔지는, 깊은 샘이 되게 하소서.

당신의 샘에서 흘러나온 단물처럼
영혼 속에서 흐르는 생명수를 세상에 드러내게 하소서.

두레박으로 떠도 떠도 모자람이 없는 샘물,
영원히 목마르지 않는 그런 샘물의 통로가 되게 하소서.

주님의 샘물처럼 맛이 있는 샘물이 되게 하소서.

주님의 샘물처럼 향기나는 샘물이 되게 하소서

주님의 샘물처럼 영원히 목마르지 않는 샘물이 되게 하소서.

또 광야가 변하여 못이 되게 하시며
마른 땅이 변하여 샘물이 되게 하시고 (시편 107:35)

내가 주는 물을 마시는 자는 영원히 목마르지 아니하리니
내가 주는 물은 그 속에서 영생하도록 솟아나는 샘물이 되리라 (요한복음 4:14)

은혜의 강가에서

사랑하는 주님,

주님의 은혜 강물 곁에서 살고 싶습니다.

은혜의 물가에서 그 물을 마시며 살고 싶습니다.

제 마음이 은혜의 강물에 젖고 싶습니다.

제 인격이 은혜의 강물에 젖고 싶습니다.

제 영이 은혜의 갈릴리 호수에 젖고 싶습니다.

사해바다처럼 머물러 있지 않고 싶습니다.

갈릴리 호수처럼 은혜가 흐르는 물에서

주님과 함께 삶을 여행하고 싶습니다.

생각도 언어도 행동도 주님의 은혜의 물길따라

흘러가고 싶습니다.

주님의 은혜의 강가에 가면

제 몸도 치유되고,

제 심령도 치유되고,
제 영도 치유될 것 같습니다.

베데스다 연못 주변에는 많은 병자들이 있었습니다.
맹인도 있었고, 다리 저는 사람도 있었고,
혈기 마른 자도 있었으며 앉은뱅이도 있었습니다.
다른 환자들은 그 물이 움직이려고 할 때
뛰어들면서 행운이라도 기다리지만
38년된 병자는 자기 힘으로 그곳에 들어갈 수 없었습니다.
바로 그 환자에게 찾아오셔서 직접 치료하셨나이다.

저희들이 절망하지 않게 하소서.
당신이 치유해 주심을 의지하게 하소서.
병원에서 불가능하고 의료기술로 해결될 수 없어도
당신의 능력을 의지하고 당신을 사모하게 하소서.
다른 곳에서 불가능하다고 하는 치유,

당신의 은혜로 가능합니다.

오직 당신의 능력만이 완전합니다.

병든 자들을 치유하소서.

병든 자들을 만나주소서.

병든 자들을 붙드소서.

병든 자들을 터치해 주소서.

절망을 벗어나게 해 주소서.

몸도 치유해 주소서.

영도 치유해 주소서.

삶도 치유해 주소서.

은혜의 강가에서 주님을 애타게 기다립니다.

너무나 사모합니다.

매일 만나고 싶습니다.

주님으로부터 흘러나오는 물은 생수입니다.

영혼을 녹이는 생수입니다.

몸을 치유하는 생수입니다.

삶을 치유하는 생수입니다.

진정한 치유의 약이 주님께 들어 있습니다.

근원적인 치유의 샘이십니다.

너희 중에 고난 당하는 자가 있느냐 그는 기도할 것이요 즐거워하는 자가 있느냐 그는 찬송할지니라 너희 중에 병든 자가 있느냐 그는 교회의 장로들을 청할 것이요 그들은 주의 이름으로 기름을 바르며 그를 위하여 기도할지니라 믿음의 기도는 병든 자를 구원하리니 주께서 그를 일으키시리라 혹시 죄를 범하였을지라도 사하심을 받으리라 그러므로 너희 죄를 서로 고백하며 병이 낫기를 위하여 서로 기도하라 의인의 간구는 역사하는 힘이 큼이니라 (야고보서 5:13–16)

길 가운데로 흐르더라 강 좌우에 생명나무가 있어 열두 가지 열매를 맺되 달마다 그 열매를 맺고 그 나무 잎사귀들은 만국을 치료하기 위하여 있더라 (요한계시록 22:2)

하늘의 것을 사모하게 하소서

사랑하는 주님,
이 땅에서 살고 있지만 땅에 연연하지 않게 하소서.

이 땅에 발을 딛고 있지만
소속이 하늘나라임을 한시도 잊지 않게 하소서.
마음과 영이 날마다 순간마다 하늘을 바라보게 하소서.
당신이 계시는 그 나라가
마지막 종착지임을 늘 기억하게 하소서.
땅의 것보다 하늘의 것들을 바라보게 하소서.
땅의 보화보다 하늘의 보화를
100배 1000배 10000배 더 사모하게 하소서.
땅의 것으로 인하여 욕심부리지 않게 하시고
하늘의 것으로 인하여 기뻐하고 행복하게 하소서.
땅의 것들보다 하늘의 소유로 더욱 만족하게 하소서.
땅의 것들이 파괴되어도 절망하지 않게 하시고
하늘의 더 좋은 것들이 예비되어 있음을 굳게 신뢰하게 하소서.
세상은 흘러가나 주님의 나라는 영원합니다.
영원한 것을 사모하고 영원한 가치를 좇아 살게 하소서.
영원한 미래를 바라보고 붙들게 하시고
순례자로서 영원한 주님과 함께 날마다 여행하게 하소서.

그러므로 너희가 그리스도와 함께 다시 살리심을 받았으면 위의 것을 찾으라 거기는 그리스도께서 하나님 우편에 앉아 계시느니라 위의 것을 생각하고 땅의 것을 생각하지 말라 이는 너희가 죽었고 너희 생명이 그리스도와 함께 하나님 안에 감추어졌음이라 우리 생명이신 그리스도께서 나타나실 그 때에 너희도 그와 함께 영광 중에 나타나리라 (골로새서 3:1-4)

가난한 심령으로 채우소서

오~ 사랑하는 나의 주님,
오랜 세월 동안 스쳐온
나의 심령은 병들었습니다.
이 심령을 받아 주소서.
심령이 그리스도로 채워지게 하소서.
심령이 주님만 사모하게 하소서.
심령이 그리스도만 사랑하게 하소서.

오~ 주님,
심령이 가난한 복을 받기를 원합니다.
심령이 가난하면 천국의 희락으로 채워집니다.
심령이 가난하면 사람들이 사랑스러워집니다.
심령이 가난하면 천국의 삶을 경험합니다.
심령이 가난할 때 영이 평안합니다.
심령이 가난할 때 마음도 평안합니다.
심령이 가난할 때 몸도 좋아집니다.

오~ 주님,
주님을 찬양합니다.
이 몸과 마음에 주님이 임하니
제 생명이 살아 움직입니다.
오~ 주님,
제 심령을 천국의 희락으로 화하게 하소서.

제 심령을 말씀의 밭으로 화하게 하소서.

제 심령을 성령의 거룩한 전으로 화하게 하소서.

심령이 가난한 자는 복이 있나니 천국이 그들의 것임이요 (마태복음 5:3)

나 여호와가 말하노라 내 손이 이 모든 것을 지었으므로 그들이 생겼느니라 무릇 마음이 가난하고 심령에 통회하며 내 말을 듣고 떠는 자 그 사람은 내가 돌보려니와 (이사야 66:2)

당신은 이 죄인에게 과분한 선물을 주셨습니다!

사랑하는 주님,
당신은 제게 지워지지 않는 사랑을 보여주셨습니다.
당신은 제게 지워지지 않는 믿음을 선물로 주셨습니다.
당신은 제게 무너지지 않는 구원을 선물로 주셨습니다.

끊임없이 흘러내려오는 사랑의 근원이십니다.
끊임없이 채워지는 사랑의 동산이십니다.
끊임없이 공급되는 사랑의 바다이십니다.

보잘 것 없는 저에게
허물 많은 저에게
연약한 저에게
죄인의 괴수인 저에게
그 무한하신 은혜와 사랑을 베푸시다니요.

어찌 이 은혜를!
어찌 이 사랑을!
바다보다 깊고
하늘보다 높고
우주보다 넓은 그 사랑을!
멈출 수 없는 이 놀라운 은혜,
천성의 하늘 폭포수 같은 이 놀라운 은혜,
그 은혜의 물결이 흐르고 있습니다.

그 은혜의 물결이 제게 흘러 이웃에게로 흐르게 하소서.
그 은혜의 물결이 고난받는 영혼들에게 흐르게 하소서.

이 은혜의 샘을 간직합니다.
믿음의 두레박으로 떠도 떠도
끊임없이 솟아오르는 은혜의 샘물이십니다.

참된 믿음으로서
참된 찬양으로서
참된 고백으로서
참된 순종으로서
주님의 마음에 지워지지 않는 믿음을 보여드리게 하소서.
주님의 마음에 지워지지 않는 순종을 보여드리게 하소서.
주님의 마음에 잊혀지지 않는 찬양을 드리게 하소서.
주님의 마음에 영광과 행복을 돌려드리게 하소서.

주를 두려워하는 자를 위하여 쌓아 두신 은혜 곧 주께 피하는 자를 위하여 인생 앞에 베푸신 은
혜가 어찌 그리 큰지요 (시편 31:19)

그러나 내가 나 된 것은 하나님의 은혜로 된 것이니 내게 주신 그의 은혜가 헛되지 아니하여 내
가 모든 사도보다 더 많이 수고하였으나 내가 한 것이 아니요 오직 나와 함께 하신 하나님의 은
혜로라 (고린도전서 15:10)

거듭남의 열매를 주소서!

오! 주님~
성령으로 거듭나게 해 주신 주님,
그 거듭남의 열매가 드러나게 해 주소서!
아직도 연약함이 숨겨져 있습니다.
거듭난 어린아이가 아닌
거듭난 제자로 성장하게 하소서.

완전한 그리스도인이 되게 하소서.
완전한 주의 제자가 되게 하소서.
완전한 주의 일군이 되게 하소서.
완전한 주의 군사가 되게 하소서.

거듭난 성품을 소유하게 하소서.

거듭난 사고를 소유하게 하소서.

거듭난 언어를 사용하게 하소서.

거듭난 행실로 이어지게 하소서.

거듭난 사랑으로 살게 하소서.

거듭난 은혜로 살게 하소서.

거듭난 섬김으로 살게 하소서.

거듭난 삶으로 헌신하게 하소서.

거듭난 신실한 일군이 되게 하소서.

그 주인이 이르되 잘하였도다 착하고 충성된 종아 네가 적은 일에 충성하였으매 내가 많은 것을
네게 맡기리니 네 주인의 즐거움에 참여할지어다 하고 (마태복음 25:21)

그러나 너는 모든 일에 신중하여 고난을 받으며 전도자의 일을 하며 네 직무를 다하라 전제와 같
이 내가 벌써 부어지고 나의 떠날 시각이 가까웠도다 나는 선한 싸움을 싸우고 나의 달려갈 길을
마치고 믿음을 지켰으니 이제 후로는 나를 위하여 의의 면류관이 예비되었으므로 주 곧 의로우신
재판장이 그 날에 내게 주실 것이며 내게만 아니라 주의 나타나심을 사모하는 모든 자에게도니라
(디모데후서 4:5-8)

고난을 당하신 주님

사랑의 주님,

주께서는 너무나 큰 고난을 받으셨습니다.

주님의 고난을 말하면서도

정작 고난을 당할 때에는 당황하고 두려워하고 싫어합니다.

주님을 위해 당하는 고난을 두려워하지 않게 하소서.

고난이 다가올 때 당신의 고난을 생각하며 승리하게 하소서.

주님은 멸시를 받아 사람들에게 버림을 당하셨습니다.

주님은 간고를 많이 겪으셨습니다.

주님은 질고를 아는 자입니다.

주님은 실로 우리의 질고를 지고 우리의 슬픔을 당하셨습니다.

주님이 찔리심은 우리의 허물 때문입니다.

주님이 상하심은 우리의 죄악 때문입니다.

주님이 징계를 받으므로 우리가 평화를 누립니다.

주님이 채찍에 맞으므로 우리가 나음을 입었습니다.

우리는 다 양 같아서 그릇 행하여 각기 제 길로 갔습니다.

우리는 영원히 죽을 수밖에 없는 무가치한 존재임에도 불구하고

아버지께서는 우리 모두의 죄악을 그리스도께 담당시키셨습니다.

이 놀라운 은혜와 사랑에 감사드립니다.

고난 당한 것이 내게 유익이라 이로 말미암아 내가 주의 율례들을 배우게 되었나이다 (시편 119:71)

의인은 고난이 많으나 여호와께서 그의 모든 고난에서 건지시는도다 (시편 34:19)

주님의 복음향기

사랑하는 주님,
당신의 이름을 부를 때마다 가슴이 설렙니다.
당신의 사랑이 설렙니다.
당신의 용서의 향기가 설렙니다.
당신의 은은한 갈릴리 호수가의 향기가 심령에 강타합니다.
바닷가를 거니시면서 제자들을 부르시던 향기가 흐릅니다.
마을을 다니시면서 말씀을 전하시는 복음의 향기가 흐릅니다.

당신의 복음의 향기가 사람들의 마음을 움직이셨습니다.
당신의 사랑의 향기가 사람들의 마음을 끌었습니다.
당신의 능력의 향기가 병든 몸과 심령에 스며들었습니다.
당신이 가시는 곳에는 질병들이 달아나고 영광만 가득 찼습니다.
당신의 복음향기가 우물가 여인의 심령에도 강타했습니다.
당신의 복음향기가 절망적인 나병환자들에게 희망이 되었습니다.
당신의 복음향기가 간음하다 잡힌 여인에게도 소망이 되었습니다.
당신의 복음향기가 베다니 촌에도 흘러들어갔습니다.
당신의 복음향기가 무덤에 갇힌 나사로에게도 흘러들어갔습니다.
그 향기가 생명의 향기가 되었습니다.
그 향기가 영원한 부활의 향기가 되었습니다.

당신의 향기가 마리아의 가슴에 흐르고
당신의 향기가 겟세마네 동산에도 흘렀으며,
골고다 언덕 십자가 위에서 강도들에게까지 흘렀습니다.

마침내 사흘 만에 무덤문을 깨뜨리시고
부활의 새 생명 향기를 내셨습니다.

이 영원한 생명의 향기를 온 인류에게 선사하시기 위하여
숱한 고난의 쓴 잔을 마시며
감내해 오신 당신을 찬양하고 사랑합니다.
하늘과 땅의 모든 권세를 가지게 되신 주님이시여,
당신의 복음의 향기를 만천하에 전하게 하소서.

또 이르시되 너희는 온 천하에 다니며 만민에게 복음을 전파하라 (마가복음 16:15)

내가 복음을 부끄러워하지 아니하노니 이 복음은 모든 믿는 자에게 구원을 주시는 하나님의 능력이
됨이라 먼저는 유대인에게요 그리고 헬라인에게로다 (로마서 1:16)

하늘나라를 사모합니다!

하늘나라가 있다는 것이 정말 놀랍습니다.
하늘나라가 있다는 것이 제일 큰 소망입니다.
이 땅에서 당하는 고통들이 있어도
하늘나라가 있기에 그곳을 그리워합니다.
아브라함이 갔던 그 본향을 사모합니다.

사라가 갔던 그 본향을 사모합니다.

요셉이 갔던 그 본향을 사모합니다.

마리아가 갔던 그 본향을 사모합니다.

저 하늘나라를 바라보고 그리워하는 자는 행복합니다.

저 하늘나라를 바라보고 흠모하는 자는 복됩니다.

저 하늘나라를 바라보는 자의 마음은 푸릅니다.

저 하늘나라를 바라보고 사는 자의 영은 춤을 춥니다.

그 나라는 저희 힘으로 얻을 수 없음을 고백합니다.

그 나라는 저희 의로움으로 갈 수 없음을 고백합니다.

그 나라는 예수 그리스도를 믿고 따르는 자만이 갈 수 있습니다.

그 나라는 주의 사랑으로 섬기는 자들에게 주어지는 축복입니다.

그 나라는 주의 사랑을 섬긴 오른편 양들에게 승계되옵니다.

주님의 뜻을 좇아 믿음을 지키는 자들에게 주어지는 은혜입니다.

주기철 목사가 그토록 사모했던 그 나라,

손양원 목사가 그토록 사모했던 그 나라,

안이숙 여사가 감옥에서 그토록 사모했던 그 나라,

주님을 사모하는 자에게 주어지는 엄청난 은혜임을 고백합니다.

저 하늘에는 눈물이 없습니다.

그곳에는 고통도 슬픔도 없습니다.

그리스도께서 친히 빛이 되셔서 우리와 함께 하십니다.

제 영혼이 잠잠히 주님만 바라봅니다.

그 때에 임금이 그 오른편에 있는 자들에게 이르시되 내 아버지께 복 받을 자들이여 나아와 창세로부터 너희를 위하여 예비된 나라를 상속받으라 (마태복음 25:34)

일곱째 천사가 나팔을 불매 하늘에 큰 음성들이 나서 이르되 세상 나라가 우리 주와 그의 그리스도의 나라가 되어 그가 세세토록 왕 노릇 하시리로다 하니 (요한계시록 11:15)

성령을 사모합니다!

성령님이시여,

제게로 다가와 주소서.

제 속에서 항상 머물러 주소서.

성령을 사모합니다.

성령을 기다립니다.

성령님, 성령님, 성령님,

그 성령의 은혜를 사모합니다.

성령이 임할 때 행복합니다.

성령이시여, 제게 다가와 주소서.

성령이시여, 제게 다가와 감싸 주소서.

제 심령을 감싸 주소서.

제 영혼을 감싸 주소서.

제 아픈 마음을 감싸 주소서.

제 어두운 마음에 빛을 비추소서.

제 연약한 마음에 힘을 더하소서.

주님이 오실 때 저는 눈물이 흐릅니다.

주님이 오실 때 저는 마냥 행복합니다.

주님이 오실 때 저는 어린아이가 됩니다.

성령님은 회개의 길로 이끄시는 성결의 영이십니다.

잘못을 깨닫게 해주시니 감사드립니다.

기쁨이 없을 때 성령이여 찾아오소서.

하늘의 희락으로 채우십니다.

하늘의 달콤한 영적 은혜를 만끽할 때 은혜가 족합니다.

세상의 것들로 마음이 요동하지 않게 하소서.

언제나 성령으로 지배받고 성령으로 인도받게 하소서.

성령이시여,

하늘의 생수로 채우소서.

깊은 산속에서 흐르는 생수처럼

생명의 물로 흐르게 하소서.

천성의 보좌에서 흘러나오는

깊은 성령의 샘 곁에서 살고 싶습니다.

성령의 생수를 마시게 하소서.

성령의 능력으로 채워 주소서.

성령의 지혜로 부어주소서.

성령으로 생각하고 성령으로 말하고 성령으로 행하게 하소서.

마음을 살피시는 이가 성령의 생각을 아시나니 이는 성령이 하나님의 뜻대로 성도를 위하여 간구하심이니라 (로마서 8:27)

성령과 신부가 말씀하시기를 오라 하시는도다 듣는 자도 오라 할 것이요 목마른 자도 올 것이요 또 원하는 자는 값없이 생명수를 받으라 하시더라 (요한계시록 22:17)

감사로 24시간 호흡하게 하소서!

사랑하는 주님이시여,

감사를 많이 하지 못한 과거의 삶을 용서하소서.

감사가 제일 소중하며

하나님의 은혜에 대한 작은 표현인데

너무 소홀히 하였습니다.

이제는 감사의 삶으로 거듭나게 해주소서.

이제는 감사의 삶으로 빛나게 해주소서.

아침부터 저녁까지 감사로 이어지게 하소서.

예수님은 감사 그 자체였습니다.

하나님의 사랑은 감사 그 자체이십니다.

만 가지 은혜에 감사하게 하소서.

감사에 쉬는 죄를 범하지 않게 하소서.

감사로 가득 차게 하소서.

일어날 때 감사하고

식사하며 감사하고

길을 가며 감사하고

차를 타도 감사하고

일터에서도 감사하고

돌아와서도 감사하고

잠들 때에도 감사하게 하소서.

감사로 호흡하고

감사로 말을 하고

감사로 행동하게 하소서.

남은 생애 감사의 삶으로 가득 차게 하소서!

감사로 제사를 드리는 자가 나를 영화롭게 하나니 그의 행위를 옳게 하는 자에게 내가 하나님의 구원을 보이리라 (시편 50:23)

범사에 감사하라 이것이 그리스도 예수 안에서 너희를 향하신 하나님의 뜻이니라 (데살로니가전서 5:18)

예수님의 고난

주님의 고난에 감사드립니다.
주님이 고난 받으시는 그 처참한 현장에 저는 가보지 못했지만
그 고통을 조금이라도 이해하고 싶습니다.
그리고 억만 분의 1이라도 느껴보고 싶습니다.

고난이 싫지만 고난의 상황이 올 때에는
잘 극복하며 승리하게 하소서.
주님을 부인하는 삶이 되지 않게 하소서.

저희들의 믿음이 참믿음인지 불로 태워지는 듯한 시련의 순간에도
주님을 부인하지 않고 시인하며 주님을 높이게 하소서.

그것은 우리의 힘으로 할 수 있는 것이 아무것도 없음을
  고백합니다.
오직 주님께서 함께 해 주심으로서만이 승리할 수 있습니다.

주님의 고난을 구경만하는 것 같은 우리의 연약을 용서하소서.
주님의 고난을 방관하는 것 같은 우리의 삶을 용서하소서.
주님의 고난을 본받아 그리스도와 함께 죽고 그리스도와 함께
  사는 영광을 허락하소서.
주님의 고난을 묵상하며 그 고난에 동참하는 삶으로 나아가게
  하소서.
주님, 당신의 그 고난을 누가 이해하겠습니까.

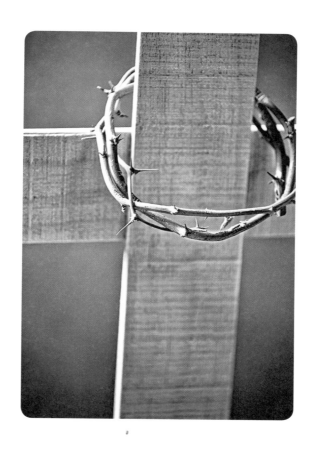

주님, 당신의 그 고난을 누가 참여할 수 있겠나이까.
주님, 당신이 외로이 걸어가신 그 고난의 현장....
그 누구도 함께 하지 않고 다 피하였지만
주님 당신만이 그 고난의 자리를 지키며 홀로 죄악을 담당하시고
십자가를 부둥켜 안고 돌아가셨나이다.

저희들은 편한 것을 좋아하고
저희들은 고난을 그토록 싫어하고

저희들은 고난을 무서워하고
저희들은 안락한 지상 낙원을 향하려는
그런 어리석음에 빠지지 않도록 이끌어주소서.

주님의 고난에는 참여하지 않으려고 하면서
부활의 영광에는 쉽게 참여하려는 욕심을 용서하소서.

가야 할 곳에 가게 하시고
저야 할 십자가를 지게 하시고
주님의 다시 오심을 잘 준비하며 주님을 사모하게 하소서.

주님 감사합니다.
주님 사랑합니다.
주님의 그 은혜는 눈물로도 갚을 수가 없습니다.
주님의 그 사랑은 생애를 바쳐도 다 갚을 수가 없습니다.
주님의 고난의 현장에서 들려오는 생생한 소리에 귀를 기울이게
   하소서.
주님의 뜻을 좇아 맡겨진 일에 충성하며 나아가게 하소서.
주님이 주시는 십자가라면 잘 지고 가게 하소서.

그가 찔림은 우리의 허물 때문이요 그가 상함은 우리의 죄악 때문이라 그가 징계를 받으므로 우리는 평화를 누리고 그가 채찍에 맞으므로 우리는 나음을 받았도다 (이사야 53:5)

친히 나무에 달려 그 몸으로 우리 죄를 담당하셨으니 이는 우리로 죄에 대하여 죽고 의에 대하여 살게 하려 하심이라 그가 채찍에 맞음으로 너희는 나음을 얻었나니 (베드로전서 2:24)

Chapter 3
주님의 사랑 사모

오 사랑의 주님이시여

오 사랑의 주님을 의지하고 사랑합니다.
주님의 넓은 손에 붙들려 호흡하고 있습니다.
주님께서는 저에게 포근한 친구가 되어 주셨습니다.
주님께서는 저에게 듬직한 스승이 되어 주셨습니다.
주님께서는 저에게 아가페 사랑이 되어 주셨습니다.
당신은 사랑, 그 자체이십니다.

저는 자랑할 것이 하나도 없습니다.
저는 사랑의 힘도 부족합니다.
그저 당신의 사랑에 이끌려 살아갈 뿐입니다.

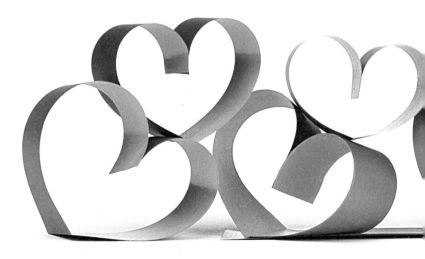

그저 오늘 하루 호흡을 한다는 것 자체도 감사합니다.

십자가의 사랑을 생각하면 매순간 감사할 따름입니다.

주님처럼 욕심 없이 사랑의 품을 가지고 순간순간 살아가렵니다.

고통스럽고 아파하는 자들에게 사랑의 위로가 되고 싶습니다.

절망에 처한 자에게 사랑의 작은 희망이 되고 싶습니다.

주님의 사랑은 깊습니다.

주님의 사랑은 오묘합니다.

주님의 사랑은 시온성 보좌에서 흘러나오는 생명수입니다.

새 계명을 너희에게 주노니 서로 사랑하라 내가 너희를 사랑한 것 같이 너희도 서로 사랑하라 너희가 서로 사랑하면 이로써 모든 사람이 너희가 내 제자인줄 알리라 (요한복음 13:34–35)

이제부터는 너희를 종이라 하지 아니하리니 종은 주인이 하는 것을 알지 못함이라 너희를 친구라 하였노니 내가 내 아버지께 들은 것을 다 너희에게 알게 하였음이라 (요한복음 15:15)

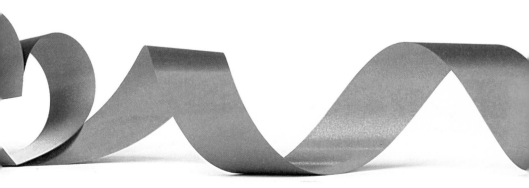

아버지, 사랑의 아버지시여!

하늘에 계신 아버지~
아버지를 부를 때 행복합니다.
아버지를 부를 때 위로가 됩니다.

하늘 아버지가 제 아버지가 되어주시고
하늘 아버지가 제 공급자가 되어주소서.

조지 뮬러가 고아들에게 아버지의 사랑을 보이신 것처럼
맡겨진 영혼을 위해 아버지의 사랑을 보이게 하소서.

조지 뮬러에게 아버지가 되어주신 것처럼
제게도 친밀한 아버지가 되어주소서.

날마다 순간마다
아버지의 이름을 품고
아버지의 이름을 사모하고
아버지의 이름을 부르며 살고 싶습니다.
아버지의 이름에 영광을 돌려드리며
아버지의 이름을 찬양으로 높여 드리고 싶습니다.
아버지의 이름을 위해 호흡하며 살아갑니다.

주께서 이를 행하셨으므로 내가 영원히 주께 감사하고 주의 이름이 선하시므로 주의 성도 앞에서
내가 주의 이름을 사모하리이다 (시편 52:9)

아버지여, 아버지께서 내 안에, 내가 아버지 안에 있는 것 같이 그들도 다 하나가 되어 우리 안에
있게 하사 세상으로 아버지께서 나를 보내신 것을 믿게 하옵소서 (요한복음 17:21)

너희가 아들이므로 하나님이 그 아들의 영을 우리 마음 가운데 보내사 아빠 아버지라 부르게 하
셨느니라 (갈라디아서 4:6)

저는 주님의 것입니다

저는 주님께 속했으며 주님의 것입니다.
제 손도, 제 발도, 제 눈도, 제 귀도,
제 얼굴도 제 몸도 모두 주님의 것입니다.
제 몸이 주님과 온전히 하나되어 호흡하게 하소서.
제 몸이 주님과 붙어서 떨어지지 않게 하소서.

당신의 음성에 온전히 따르게 하소서.
당신의 호흡에 제 호흡을 맞추고
당신의 생각에 제 생각을 맞추고
당신의 소원에 제 소원을 맞추고
당신의 뜻에 제 뜻을 맞추고
당신의 모든 것에 제 모두를 맞추게 하소서.
당신의 생명이 제 생명이 되게 하시고
당신의 호흡이 제 호흡이 되게 하시고
당신의 언어가 제 언어가 되게 하시고
당신의 성품이 제 성품이 되게 하시고
당신의 삶이 제 삶이 되게 하소서.

제 생각 속에는 당신만 있게 하시고
제 머리 속에는 당신만 빛나게 하시고
제 걸음 속에는 당신의 걸음만 있게 하소서.
제 머리는 주님 당신입니다.
제 손은 주님 당신의 손에 속했습니다.

제 눈은 주님 당신의 눈에 속했습니다.

제 발은 주님 당신의 발에 속했습니다.

주님 속에 제가 있고 제 속에 주님이 계셨습니다.

주님께 지배를 당하고 싶습니다.

주님으로 가득 차게 하소서.

제 머리 속에는 온통 주님과 사랑하는 한 가지 마음 외에는
어떤 것도 저를 괴롭히거나 지배할 수 없습니다.

저는 주님의 것입니다. 그래서 저는 행복합니다.

오~ 주님, 감사드립니다.

내 사랑하는 자는 내게 속하였고 나는 그에게 속하였도다. 그가 백합화 가운데에서 양 떼를 먹이
는구나 (아가 2:16)

내가 세상에 속하지 아니함 같이 그들도 세상에 속하지 아니하였사옵나이다 (요한복음 17:16)

빛되신 주님이시여

암흑이 엄습해 옵니다.
쓰나미처럼 세상을 점점 더 덮고 있습니다.
어두운 암흑이 제 영혼에 침투하려고 합니다.
빛되신 주님이시여,
이곳에 임하소서!
제 영혼을 지켜주소서!
제 심령을 지켜주소서!

생명의 빛으로 오소서!
치유의 빛으로 오소서!
평안의 빛으로 오소서!
복음의 빛으로 오소서!
소망의 빛으로 오소서!
영광의 빛으로 오소서!

그 빛으로 인하여
어둠이 물러나게 하시며
죄악이 물러나게 하시며
상처가 물러나게 하시며

아픔이 물러나게 하시며
질병이 물러나게 하시며
절망이 물러나게 하시며
죽음이 물러나게 하시며
사탄이 물러나게 하소서!

오 주님, 감사합니다.
지금 빛으로 다가오십니다.
어둠이 아침 안개처럼 사라지고 있습니다.
주께서 행하시는 광경을 보니 놀랍습니다.
홍해를 가르신 주님이시여,
의의 태양이신 주님이시여,
치유의 광선이신 성령이시여,
이 시간 찾아오소서!
이곳에 찾아오소서!
이곳에 비추소서!

그 임재의 광경이 지금 영으로 경험합니다.
빛의 자녀로 살고 싶습니다.
빛으로 환하게 다가오시는 주님을 또다시 뵙고 싶습니다.
빛으로 다가오시는 주님께 모든 걸 드립니다.

주의 얼굴을 주의 종에게 비추시고 주의 사랑하심으로 나를 구원하소서 (시편 31:16)

내 이름을 경외하는 너희에게는 공의로운 해가 떠올라서 치료하는 광선을 비추리니 너희가 나가
서 외양간에서 나온 송아지 같이 뛰리라 (말라기 4:2)

아버지를 흠모하고 사랑합니다!

사랑하는 나의 아버지시여! 감사합니다.

아버지를 흠모하고 사랑합니다.

제 심령이 아버지를 사모하나이다.

나의 가장 사랑하는 아버지이십니다.

아버지의 품에 안기어 잠을 청합니다.

아버지의 품에 안기어 쉼을 누리고 싶습니다.

세상의 모든 근심을 잊어버리고...

세상의 모든 고난을 잊어버리고...

세상의 모든 눈총을 잊어버리고...

그저 말없이 아버지의 얼굴만 마주하고 싶습니다.

아버지의 사랑을 먹고 마시고 싶습니다.

탕자를 사랑해 주셨던 그 아버지,

저를 사랑해 주시는 줄 믿습니다.

탕자를 받아주셨던 아버지,

저를 받아주시는 줄 믿습니다.

고멜을 용서하시고 사랑했던 호세아,

이스라엘을 용서하시고 계속 사랑하셨던 아버지,

그 아버지의 사랑을 흠모하며 사랑합니다.

아버지의 곁에 남아 아버지와 함께 살아가는 것이

최고의 행복임을 알게 하소서.

아버지와 함께 거하며 아버지와 함께 대화하고

아버지 곁에서 살아가는 것이 최상의 은혜임을 알게 하소서.

아버지께서 나를 사랑하신 것 같이 나도 너희를 사랑하였으니 나의 사랑 안에 거하라 (요한복음 15:9)

아버지여, 아버지께서 내 안에, 내가 아버지 안에 있는 것 같이 그들도 다 하나가 되어 우리 안에 있게 하사 세상으로 아버지께서 나를 보내신 것을 믿게 하옵소서 (요한복음 17:21)

오~ 사랑의 주님이시여!

오~ 사랑의 그리스도시여!

제가 그리스도를 사랑하나이다.

그리스도께서는 제 사랑의 전부이십니다.

그리스도께서는 제 사랑의 화신이십니다.

그리스도께서는 제 사랑의 심장이십니다.

그리스도께서는 제 사랑의 영원한 별이십니다.

당신의 사랑을 먹고 자랐습니다.

당신의 사랑을 먹고 숨쉬고 있습니다.

당신의 사랑을 따라 움직이고 있습니다.

당신의 사랑이 제 심장에 붙어 있습니다.

당신의 사랑이 제 영혼에 붙어 있습니다.

당신의 사랑이 제 모든 것들을 사로잡습니다.

당신의 사랑이 제 모든 것이 되었습니다.

그는 주 앞에서 자라나기를 연한 순 같고 마른 땅에서 나온 뿌리 같아서 고운 모양도 없고 풍채
도 없은즉 우리가 보기에 흠모할 만한 아름다운 것이 없도다 (이사야 53:2)

밤중에 소리가 나되 보라 신랑이로다 맞으러 나오라 하매 (마태복음 25:6)

주님, 당신의 모습은 아름답습니다

사랑하는 주님!

당신이 입으신 옷은 하얀 옷으로 아름답습니다.

당신의 얼굴은 인자하신 얼굴로 빛이 납니다.

당신의 머리에는 생명의 면류관으로 반짝입니다.

당신의 눈은 인자하신 눈입니다.

당신의 가슴은 상처난 심령들을 품는 따스한 가슴입니다.

당신의 귀는 고통 받는 이들의 부르짖음에 열려 있는 귀입니다.

당신의 발은 복음전도와 봉사의 아름다운 발입니다.

당신의 몸에서 하늘의 천국향이 흘러나옵니다.

당신은 진정한 신랑이십니다.

당신은 진정한 구세주이십니다.

당신의 모습은 영원히 빛이 나며

영원한 왕의 권세와 영광을 누리십니다.

당신의 모습을 흠모합니다.

당신 앞에 엎드리고

당신의 품에 기대어 호흡하는 그런 제자가 되고 싶습니다.

그는 주 앞에서 자라나기를 연한 순 같고 마른 땅에서 나온 뿌리 같아서 고운 모양도 없고 풍채도 없은즉 우리가 보기에 흠모할 만한 아름다운 것이 없도다 (이사야 53:2)

어두운 데에 빛이 비치라 말씀하셨던 그 하나님께서 예수 그리스도의 얼굴에 있는 하나님의 영광을 아는 빛을 우리 마음에 비추셨느니라 (고린도후서 4:6)

저와 당신의 사랑

사랑의 주님,

당신이 저를 찾아오셨습니다.

제가 사랑이 없을 때,

제가 주님을 몰랐을 때,

제가 방황하고 있을 때,

제가 우울해 하고 있을 때,

그럴 때 찾아 오셔서 저를 붙드셨습니다.

당신의 부드러운 사랑의 손으로 붙잡으셨습니다.

당신이 저를 찾아오시므로 저와의 사랑이 시작되었습니다.

제가 당신을 사랑한 것이 아니라 당신이 저를 사랑하셨습니다.

주님, 당신과의 사랑 여정은 수십 년의 세월이 흘러 왔습니다.

당신의 사랑은 한 번도 멈추지 아니하였습니다.

바람이 불 때에도 붙들어주셨습니다.

오래토록 이어져 왔습니다.

제가 흔들릴 때에도 당신은 흔들리지 않으셨습니다.

제가 잠시 옆을 볼 때에도 당신은 저를 바라보셨습니다.

당신의 사랑은 정말 멋진 사랑입니다.

당신의 사랑은 정말 완벽한 사랑입니다.

당신의 사랑은 정말 영원한 사랑입니다.

당신의 사랑에 늘 기대고 싶습니다.

당신의 사랑에 붙들려 순례자의 길을 걷고 싶습니다.

당신의 사랑에 영원히 붙들려 사랑의 포로가 되고 싶습니다.

천 년을 이겨내는 듬직한 나무처럼
평생동안
영원토록
변함없이
당신의 손을 잡고
당신의 은혜 아래
당신의 무한한 사랑과 그 품속에서...

새 계명을 너희에게 주노니 서로 사랑하라 내가 너희를 사랑한 것 같이 너희도 서로 사랑하라 (요한복음 13:34)

내가 마음에 큰 눌림과 걱정이 있어 많은 눈물로 너희에게 썼노니 이는 너희로 근심하게 하려 한 것이 아니요 오직 내가 너희를 향하여 넘치는 사랑이 있음을 너희로 알게 하려 함이라 (고린도후서 2:4)

영원한 신랑 당신의 모습은...

나의 왕되신 주님이시여~
원래 당신의 모습은 연한 순 같았습니다.
당신의 의상은 피묻은 옷이었습니다.
부활하신 당신의 모습은 달랐습니다.
당신의 얼굴은 영광스럽습니다.
당신의 모습은 화사하게 빛납니다.
당신의 얼굴은 광채가 납니다.
당신의 의상은 부활의 흰옷입니다.
당신의 의상은 아름답습니다.
당신의 의상은 맑고 깨끗합니다.
당신의 의상은 별처럼 반짝입니다.
당신의 의상은 영광이 묻어납니다.
당신의 의상은 향기가 묻어납니다.
당신의 머리에는 영광스러운 면류관이 씌어 있습니다.
당신의 눈에는 사랑의 옥구슬이 달려 있습니다.
당신의 옆구리에는 고난의 자국이 있습니다.
당신의 손에는 고난의 흔적이 있습니다.

부활하신 주님,
다시 오실 주님,
백마 타고 오실 주님,
구름 타고 다시 오실 주님,
만왕의 왕으로 다시 오실 영광스러우신 주님이시여,

당신의 모습은 멋진 신랑의 모습입니다.

당신의 모습은 멋진 왕의 모습입니다.

당신의 모습은 태양보다 더 눈부십니다.

당신의 모습은 만왕의 왕이십니다.

당신의 모습은 영원한 신랑이십니다.

아무 데나 예수께서 들어가시는 지방이나 도시나 마을에서 병자를 시장에 두고 예수께 그의 옷 가에라도 손을 대게 하시기를 간구하니 손을 대는 자는 다 성함을 얻으니라 (마가복음 6:56)

사랑하는 자들아 우리가 지금은 하나님의 자녀라 장래에 어떻게 될지는 아직 나타나지 아니하였으나 그가 나타나시면 우리가 그와 같을 줄을 아는 것은 그의 참모습 그대로 볼 것이기 때문이니 (요한1서 3:2)

은은한 향기

사랑하는 주님,
주님은 은은한 향기를 지니셨습니다.
주님은 은은한 향기를 주셨습니다.
그 향기를 값없이 주셨습니다.
아무런 조건없이 주셨습니다.
그 향기가 가슴에서 흐르고 있습니다.
그 향기를 드러내게 하소서.
그 향기를 더 많은 사람들에게 나타내게 하소서.

주님의 향기는 부드럽습니다.
주님의 향기 속에는 생명이 흐릅니다.
주님의 향기 속에서는 영원한 생명이 흐릅니다.

주님의 향기보다 더 가치 있는 향기는 없습니다.
주님의 향기보다 더 고상한 향기는 없습니다.

당신의 향기는 당신의 이름 속에 숨겨져 있습니다.
당신의 향기는 당신의 십자가 속에 숨겨져 있습니다.
당신의 향기는 당신의 모습 속에서 숨겨져 있습니다.
당신의 향기는 당신의 인격 속에서 숨겨져 있습니다.
당신의 향기는 가장 매력적입니다.
당신의 향기는 가장 강력한 생명을 뿜어내고 있습니다.
당신의 향기는 가장 향기로운 우주의 향기입니다.

당신의 향기를 받았으니
이제 저희들은 당신의 향기만 나타내게 하소서.
성령의 생각을 통해서
말씀의 언어를 통해서
인격의 몸짓을 통해서
순종의 삶을 통해서
온전히 당신의 향기만 드러내게 하소서.
당신의 향기를 온 세상에 가득 뿌리게 하소서.
당신의 향기만 진동하게 하소서.
당신의 향기로 충만케 하소서.

그리스도께서 너희를 사랑하신 것 같이 너희도 사랑 가운데서 행하라 그는 우리를 위하여 자신을
버리사 향기로운 제물과 희생제물로 하나님께 드리셨느니라 (에베소서 5:2)

우리는 구원 받는 자들에게나 망하는 자들에게나 하나님 앞에서 그리스도의 향기니 (고린도후서
2:15)

가난한 심령을 주소서

사랑하는 주님,
심령이 가난한 자가 되게 하소서.
사람들의 마음은 끝없는 욕심으로 채우고 싶어합니다.
하지만 육의 마음을 내려놓고 가난한 심령으로 채워주소서.
많이 가지고자 하는 욕심을 내려놓게 하소서.
심령이 가난한 자가 되어 천국을 소유하게 하소서.
옷을 많이 가지고자 하는 욕구도 버리게 하소서.
물질을 많이 가지고자 하는 욕구도 버리게 하소서.
많은 사람들로부터 인정을 받고자 하는 욕구도 버리게 하소서.
그리스도께서 인정해 주시는 욕구만으로 불타게 하소서.

주님, 또한 온유한 자가 되게 하소서.
온유한 자가 복이 있다고 말씀하셨습니다.
온유한 자가 땅을 기업으로 얻는다고 하셨습니다.

온유함으로 인하여 이 땅의 안락이 아니라

당신이 허락하시는 젖과 꿀이 흐르는 영적인 땅을 얻게 하소서.

그 가나안 땅을 날마다 순간마다 흠모하게 하소서.

저희가 거할 땅은 당신의 나라입니다.

저희가 거할 땅은 당신이 거하시는 곳입니다

주님이 계시는 곳이 천국이며,

주님이 저희 안에 머무시고

저희가 주님 안에 거하는 것이 제일 큰 행복입니다.

주님, 날마다 순간마다 저희 심령이 가난하게 하소서.

주님, 날마다 순간마다 저희 심령을 관리해 주소서.

주님, 날마다 순간마다 저희 심령을 붙들어 주소서.

나 여호와가 말하노라 내 손이 이 모든 것을 지었으므로 그들이 생겼느니라 무릇 마음이 가난하고 심령에 통회하며 내 말을 듣고 떠는 자 그 사람은 내가 돌보려니와 (이사야 66:2)

심령이 가난한 자는 복이 있나니 천국이 그들의 것임이요 (마태복음 5:3)

신랑되신 주님

신랑되신 나의 주님이시여~
당신은 존귀하신 분입니다.
당신은 높으신 분입니다.
당신은 영광스러운 분입니다.
당신은 천사가 흠모할 존재이십니다.
당신이 곁에 계시므로 제가 존재합니다.
당신이 곁에 계시므로 제가 행복합니다.
당신이 곁에 계시므로 제가 빛납니다.
당신과 교제하고
당신과 이야기하고
당신과 사랑하고
당신과 노래하고
당신과 눈물흘리고
당신과 미소를 지는 그런 삶이 행복합니다.

사랑하는 주님이시여,
당신과 나누는 달콤한 속삭임의 사랑에 머물러 있지 않고
깊은 십자가의 숲 속에 들어가는 것도 주저하지 않게 하소서.

당신과 나눈 십자가의 사랑은
제 심령과 삶을 휘감습니다.
당신과 함께 하는 고통,
당신과 함께 흘리는 눈물,

당신과 함께 지는 십자가,

그 고난의 흔적들도 마다하지 않게 하소서.

신부를 취하는 자는 신랑이나 서서 신랑의 음성을 듣는 친구가 크게 기뻐하나니 나는 이러한 기쁨으로 충만하였노라 (요한복음 3:29)

밤중에 소리가 나되 보라 신랑이로다 맞으러 나오라 하매 (마태복음 25:6)

주님 당신의 그 섬김은...

주님, 그 영광스러운 천국을 두시고
낮은 땅 베들레헴에 오셔서 섬겨주신 은혜가 놀랍습니다.
천대받고 멸시받는 사람들을 찾아오셔서 불러주셨습니다.
무명의 사람을 불쌍히 여기시고 제자 삼아주신 은혜가 큽니다.
광야에서 씨름하며 방황하던 사람을 불러주신 은혜가 큽니다.
죄 가운데서 거하던 마른 나무막대기 같은 존재를

불러주신 은혜에 감사드립니다.

갈릴리 바다에 찾아오신 주님의 섬김은 아름답습니다.

열두 제자들을 데리고 포기하지 않으신 주님의 섬김은 값집니다.

성질부리며 부인하는 베드로도 용서하시고,

의심많은 도마도 끝까지 기다리시며 품어주시고,

달아나는 제자들을 포기하지 않으시고

부활 후에 다시 찾아오신 그 은혜,

나병환자들을 사랑하시고

그들의 애타는 소원을 들어주신 섬김은 값집니다.

마리아와 마르다를 위해 섬겨주신 그 사랑은 값집니다.

무엇보다도 겟세마네에서 기도해 주신 은혜 감사드립니다.

우리가 다 피해 다니며 제각기 살 길을 찾을 때에

주님은 그 고난의 현장에서 십자가를 지고

묵묵히 골고다 언덕으로 걸어가셨습니다.

자신의 육체를 깨뜨려 저희들을 위해서

내어주신 은혜는 무엇으로 갚을 수 있으리오.

그 아름다운 섬김이 천국에서 해 같이 빛납니다.

그 아름다운 헌신이 천국에서 해 같이 빛납니다.

모든 은혜의 하나님 곧 그리스도 안에서 너희를 부르사 자기의 영원한 영광에 들어가게 하신 이
가 잠깐 고난을 당한 너희를 친히 온전하게 하시며 굳건하게 하시며 강하게 하시며 터를 견고하
게 하시리라 (베드로전서 5:10)

또 내가 보매 거룩한 성 새 예루살렘이 하나님께로부터 하늘에서 내려오니 그 준비한 것이 신부
가 남편을 위하여 단장한 것 같더라 (요한계시록 21:2)

주님의 넓은 품

주님,
당신의 품은 용서의 품입니다.
당신의 품은 영혼을 치유하는 품입니다.
당신의 품은 우주보다 넓은 품입니다.
당신의 품에 안기고 싶습니다.
당신의 품에서 쉬고 싶습니다.
당신의 품에서 당신의 음성을 듣고 싶습니다.
당신의 품에서 천국이야기를 듣고 싶습니다.
당신의 품은 영원한 신랑의 품이십니다.
오늘도 예수 그리스도를 모시고 섬겨드리길 원합니다.

오 주님이시여~
제가 지치고 쓰러질 때 당신의 품에서 쉬게 하소서.
당신의 위로를 받아 제가 다시 일어나게 하소서.
당신을 사랑합니다.
당신을 의지합니다.
당신을 신뢰합니다.
당신이 인도하시는 길로 걷게 하소서.
당신의 사랑만 흠모하고 싶습니다.
당신의 사랑 안에서만 걷고 싶습니다.
당신의 사랑을 받고 살아갑니다.
당신의 사랑은 영원합니다.
당신의 사랑은 빛이 납니다.

당신의 사랑은 변하지 않습니다.

당신의 사랑은 끝이 없습니다.

당신의 사랑향기를 맡으며 오늘도 호흡합니다.

당신의 사랑에 감사하며 찬양합니다.

나의 사랑하는 자는 내 품 가운데 몰약 향주머니요 (아가서 1:13)

내가 하나님을 의지하고 그 말씀을 찬송하올지라 내가 하나님을 의지하였은즉 두려워하지 아니
하리니 혈육을 가진 사람이 내게 어찌하리이까 (시편 56:4)

당신을 닮게 하소서!

사랑하는 주님,
당신의 생각을 닮게 하소서.
당신의 성품을 닮게 하소서.
당신의 사랑을 닮게 하소서.
당신의 정의를 닮게 하소서.
당신의 용기를 닮게 하소서.
당신의 겸손을 닮게 하소서.
당신의 온유를 닮게 하소서.
당신의 눈빛을 닮게 하소서.
당신의 언어를 닮게 하소서.
당신의 능력을 닮게 하소서.
당신의 고통을 닮게 하소서.

당신의 기도를 닮게 하소서.

당신의 격려를 닮게 하소서.

당신의 눈물을 닮게 하소서.

당신의 부활을 닮게 하소서.

당신의 사역을 닮게 하소서.

당신의 걸음을 닮게 하소서.

당신의 봉사를 닮게 하소서.

당신의 섬김을 닮게 하소서.

당신의 십자가를 닮게 하소서.

당신의 모든 것을 닮게 하소서.

내가 주와 또는 선생이 되어 너희 발을 씻었으니 너희도 서로 발을 씻어 주는 것이 옳으니라 내가 너희에게 행한 것 같이 너희도 행하게 하려 하여 본을 보였노라 (요한복음 13:14~15)

내가 그리스도를 본받는 자가 된 것 같이 너희는 나를 본받는 자가 되라 (고린도전서 11:1)

사랑을 부으소서!

사랑의 주님이시여,
처음 사랑이 다시금 불타오르게 하소서.
그리스도를 향한 첫사랑이 회복되게 하소서.
사랑이 바닥났습니다.
사랑의 능력이 보이지 않습니다.
사랑의 은혜를 부어주소서.
사랑을 가득 부으소서.
사람의 방언과 천사의 말을 할지라도 사랑이 없으면
소리나는 구리와 울리는 꽹과리가 된다고 했습니다.
사랑의 다리를 다시 놓고 싶습니다.
사랑의 기초를 다시 세우고 싶습니다.
사랑의 심장을 가지게 하소서.
사랑의 언어를 가지게 하소서.
사랑의 인격을 가지게 하소서.
사랑의 열매를 맺게 하소서.
사랑의 견고한 심지를 지니게 하소서.
미움의 총구를 겨누는 사람들에게도
그리스도를 모르는 사람들에게도
손실을 끼친 사람들에게도
힘겨운 고통에 처한 이웃에게도 사랑의 향을 피우게 하소서.
그리스도의 사랑으로 채우소서.
그리스도께서 발을 닦으신 것처럼
세상에 내려가서 그들의 발을 닦아주는 심정으로 섬기게 하소서.

오래참게 하소서.

온유하게 하소서.

투기하는 자가 되지 않게 하소서.

자랑하지 않게 하소서.

교만하지 않게 하소서.

무례히 행치 않게 하소서.

자기의 유익을 구치 않게 하소서.

성내지 않게 하소서.

악한 것을 생각지 않게 하소서.

모든 것을 참게 하소서.

모든 것을 믿고 견디게 하소서.

사랑은 오래 참고 사랑은 온유하며 시기하지 아니하며 사랑은 자랑하지 아니하며 교만하지 아니하며 무례히 행하지 아니하며 자기의 유익을 구하지 아니하며 성내지 아니하며 악한 것을 생각하지 아니하며 불의를 기뻐하지 아니하며 진리와 함께 기뻐하고 모든 것을 참으며 모든 것을 믿으며 모든 것을 바라며 모든 것을 견디느니라 (고린도전서 13:4-7)

그런즉 믿음, 소망, 사랑, 이 세 가지는 항상 있을 것인데 그 중의 제일은 사랑이라 (고린도전서 13:13)

오~ 주님, 당신의 사랑

주님, 사랑합니다.

주님, 사랑하고 의지합니다.

주님을 사랑하는 것이 제일 큰 행복입니다.

주님과 사랑을 나누는 일이 그 어떤 것보다 가치 있습니다.

주님은 제게 사랑을 가르쳐 주셨습니다.

그 사랑이 무엇인지 선명하게 알려주셨습니다.

당신이 보여주신 사랑은 크고 놀라운 것이었습니다.

당신과 비교하니 부끄러워 당신의 등 뒤에 숨고 싶습니다.

우주적인 사랑의 능력이 놀랍습니다.

제 심장을 강타하고 제 삶을 움직입니다.

주님의 사랑은 눈물겨운 사랑입니다.

생명이 숨쉬는 사랑이었습니다.

모든 것을 바친 사랑이었습니다.

고통의 극치를 이겨낸 사랑이었습니다.

그 사랑이 제 심장에 머물러 있습니다.

제 심령과 영혼을 강타하고 있습니다.

그 사랑을 보여주고 싶습니다.

그 사랑을 전하고 싶습니다.

그 사랑의 향취를 계속 맡고 싶습니다.

그 사랑의 은혜를 매일 누리고 싶습니다.

불평을 녹여버립니다.

억울함을 녹여버립니다.

고통을 녹여버립니다.

교만을 녹여버립니다.

아픔을 치유하는 사랑입니다.

세상을 이기게 하는 사랑입니다.

당신의 사랑의 일부라도 닮고 싶습니다.

당신의 사랑을 날마다 배우게 하소서.

당신의 사랑의 에너지를 날마다 공급받게 하소서.

그 사랑으로 복음을 전하게 하소서.

그 사랑으로 복음의 용사가 되게 하소서.

그 사랑으로 사명을 잘 감당하게 하소서.

아버지께서 나를 사랑하신 것 같이 나도 너희를 사랑하였으니 나의 사랑 안에 거하라 (요한복음 15:9)

새 계명을 너희에게 주노니 서로 사랑하라 내가 너희를 사랑한 것 같이 너희도 서로 사랑하라 (요한복음 13:34)

주님, 제 모든 것이 주의 것입니다!

주님!
제가 여기 있사오니~ 저를 써 주소서~
제 모든 것 주께 드리오니 써 주소서.

제 것이라고는 하나도 없습니다.
제 집도 주님의 것이며, 제 눈도 주님의 것이며,
제 꿈도 주님의 것이며, 제 몸도 주님의 것이며,
제 돈도 주님의 것이며, 제 손도 주님의 것이며,
제 발도 주님의 것이며, 제 힘도 주님의 것이며,
제 건강도 주님의 것이며, 제 걸음도 주님의 것이며,
제 은사도 주님의 것이며, 제 믿음도 주님의 것이며,
제 언어도 주님의 것이며, 제 재능도 주님의 것이며,
제 지식도 주님의 것이며, 제 지혜도 주님의 것이며,
제 모든 것들이 주님의 것입니다.
제게 주신 호흡조차도 주님의 것입니다.
주님의 뜻대로 주님의 도구로 쓰여지길 원합니다.
주님의 멋진 발이 되고 싶습니다.
주님의 멋진 도구가 되고 싶습니다.
주님의 멋진 붓이 되고 싶습니다.
주님의 멋진 빛이 되고 싶습니다.

이 모든 것이 다 내 손으로 지은 것이 아니냐 함과 같으니라 (사도행전 7:50)

이는 만물이 주에게서 나오고 주로 말미암고 주에게로 돌아감이라 그에게 영광이 세세에 있을지
어다 아멘 (로마서 11:36)

Chapter 4
주님의 능력 사모

나의 힘이 되시는 주님

사랑하는 주님이시여!
제가 연약할 때 힘이 되어주셨습니다.
제가 어려울 때 공급원이 되어주셨습니다.
제가 두려워할 때 나의 피할 바위가 되어주셨습니다.
제가 피곤하여 쉴 곳을 원할 때 그늘이 되어주셨습니다.
제가 일어날 수 없을 때 다시 일어날 힘이 되어주셨습니다.

지금 제가 약하여 힘들어하고 있습니다.
저는 그럴 때마다 당신 앞에 나아가 기도드립니다.
영적인 기운이 없을지라도 저는 주님과 함께

오늘도 내일도 계속 순례자의 길을 걸어갑니다.
자연의 생명들에게 수많은 하늘의 에너지를 공급하시는 은혜,
제 심령의 정원에도 하늘의 에너지로 덮어주소서.
오늘도 힘이 되어주시고,
내일도 힘이 되어주시고,
모레도 힘이 되어주시고,
평생의 힘이 되어주소서.
그리고 영원한 힘이 되어 주소서.
제 힘이 되시는 주님을 사랑합니다.

나의 힘이 되신 여호와여 내가 주를 사랑하나이다 (시편 18:1)

오직 여호와를 앙망하는 자는 새 힘을 얻으리니 독수리의 날개치며 올라감 같을 것이요. 달음박
질하여도 곤비치 아니하겠고 걸어가도 피곤치 아니하리로다 (이사야 40:31)

강함이 되시는 주님

오 사랑의 주님,

제가 힘들어하고 있습니다.

제가 연약한 중에 있습니다.

제가 신음하며 주님을 바라봅니다.

제가 아무런 힘이 없습니다.

제가 풀잎 같은 존재이며, 갈대 같은 존재입니다.

제가 약하여 힘들어할 때 주께로 나아가면

주님은 놀라운 힘을 주시고 계십니다.

'내가 약할 때에 강함이라'라는 메시지가 들려옵니다.

제가 약할 때에 진정 주님은 강함이 되어주시고 계십니다.

침체했던 제 심령에 변화가 일어나고 있습니다.

기쁨이 생생하게 살아나고 있습니다.

주님은 제가 약할 때 강함이 되십니다.

주를 바라볼수록 더 큰 힘이 되어주십니다.

나의 반석이 되어주십니다.

나의 의지할 바위가 되어주십니다.

나의 피할 바위가 되어주십니다.

나의 방패가 되어주십니다.

나의 구원의 뿔이 되어주십니다.

나의 산성이 되어주십니다.

나의 힘이 되신 여호와여 내가 주를 사랑하나이다 여호와는 나의 반석이시요 나의 요새시요 나를 건지시는 자시요 나의 하나님이시요 나의 피할 바위시요 나의 방패시요 나의 구원의 뿔이시요 나의 산성이시로다 (시 18:1–2)

나의 여러 약한 것들에 대하여 자랑하리니 이는 그리스도의 능력이 내게 머물게 하려 함이라 그러므로 내가 그리스도를 위하여 약한 것들과 능욕과 궁핍과 핍박과 곤란을 기뻐하노니 이는 내가 약할 그 때에 곧 강함이니라 (고린도후서 12:9–10)

주님의 능력을 부어주소서!

주님이시여,

당신의 능력이 필요합니다.

당신의 능력이 매순간 필요합니다.

당신의 능력이 매시간 필요합니다.

당신의 능력이 매일매일 필요합니다.

당신의 능력이 밤낮 필요합니다.

당신의 능력으로 덮어주소서.

제 생각을 덮어주소서.

제 언어를 덮어주소서.

제 가슴을 덮어주소서.

제 삶을 덮어주소서.

당신의 능력 속에서 움직이게 하소서.

당신의 능력 속에서 거닐게 하소서.

당신의 능력 속에서 살게 하소서.

정수리부터 발끝까지 당신의 능력으로 덮여지게 하소서.

그리하여 오직 당신의 능력으로 당신의 말씀만 준행하게 하소서.

오직 당신의 능력으로 당신의 뜻만 따르게 하소서.

시편 89:13
주의 팔에 능력이 있사오며 주의 손은 강하고 주의 오른손은 높이 들리우셨나이다

시편 89:8
여호와 만군의 하나님이여 주와 같이 능력 있는 이가 누구리이까 여호와여 주의 성실하심이 주를 둘렀나이다

맹렬한 불꽃의 시련에서도

사랑하는 주님,
지금은 평화롭습니다.
하지만 언제 시련들이 엄습해올지 모릅니다.

시련의 불시험 앞에서 무너지지 않는 신앙으로 무장하게 하소서.
시련의 도가니에서 살아남는 신앙으로 단련되게 하소서.
7배 뜨거운 풀무불 시련에서도 승리할 수 있게 하소서.
사자굴 앞에서도 굳게 지켜낸 다니엘의 신앙을 본받게 하소서.
풀무불 속에서 살아난 다니엘의 세 친구의 신앙을 본받게 하소서.
죽으면 죽으리라 하고 나아간 에스더의 신앙을 본받게 하소서.
가족들의 엄청난 고통을 이겨낸 욥의 신앙을 본받게 하소서.
숱한 고난의 터널에서도 승리했던 바울의 신앙을 본받게 하소서.
장차 임할 시련들을 두려워하지 않게 하소서.
그 모든 시련들을 담대하게 뚫고 나아가 승리하게 하소서.
겟세마네에서 기도로 승리한 기도의 힘을 본받게 하소서.
십자가를 묵묵히 지고 가신 주님을 바라보며 승리하게 하소서.

네가 물 가운데로 지날 때에 내가 너와 함께 할 것이라 강을 건널 때에 물이 너를 침몰하지 못할 것이며 네가 불 가운데로 지날 때에 타지도 아니할 것이요 불꽃이 너를 사르지도 못하리니 (이사야 43:2)

시험을 참는 자는 복이 있나니 이는 시련을 견디어 낸 자가 주께서 자기를 사랑하는 자들에게 약속하신 생명의 면류관을 얻을 것이기 때문이라 (야고보서 1:12)

시련 중에도...

비가 내리는 날에도
여전히 빛되신 주님을 바라보며 기뻐하게 하소서.

구름이 끼는 날에도
그 구름 너머 빛으로 다가오시는 주님을 의지하게 하소서.

일이 잘 안 되는 날에도
합력하여 선을 이루실 주님을 바라보며 감사하게 하소서.

장애물이 보이는 날에도
그 장애물을 축복의 보석으로 바꾸어주실 것을 신뢰하게 하소서.

몸이 아픈 날에도
치유의 주님이 함께 해주시길 기대하며 신뢰하게 하소서.

고난의 시련을 주실 때에도
그 불시련 가운데 찾아오시는 주님의 손을 잡고 승리하게 하소서.

세상에서 대우를 받지 못할지라도
대우받지 못하신 주님을 바라보며 승리하게 하소서.

무거운 십자가가 주어졌을지라도
주님을 따라 묵묵히 잘 지게 하소서.

시험을 참는 자는 복이 있나니 이는 시련을 견디어 낸 자가 주께서 자기를 사랑하는 자들에게 약
속하신 생명의 면류관을 얻을 것이기 때문이라 (야고보서 1:12)

이는 너희 믿음의 시련이 인내를 만들어 내는 줄 너희가 앎이라 (야고보서 1:3)

성령의 충만을 사모합니다!

오늘도 성령의 충만을 사모합니다.

저희는 성령의 충만으로 살아가길 원합니다.

저희는 성령의 충만으로 숨쉬고 싶습니다.

저희는 성령의 전입니다.

저희는 성령의 성소입니다.

성령이 저희 안에 거하실 때 행복합니다.

성령이 저희 안에서 기뻐하실 때 저희도 춤을 춥니다.

성령이 저희 가운데 오시면 저희도 성령께 가까워집니다.

성령이 저희에게 오시면 말씀을 깨닫습니다.

저희는 성령의 더 큰 충만을 기다립니다.

저희는 성령의 더 큰 충만을 사모합니다.

세상을 이기는 충만을 다시금 경험하고 싶습니다.

역경을 이기는 충만을 다시금 기대합니다.

아픔을 이기는 충만을 사모합니다.

성령이시여, 임하소서.

저희 심령에 찾아오소서.

저희 심령을 불어오소서.

사슴이 시냇물을 찾듯이 갈급하게 성령을 사모합니다.

성령의 강력한 바람을 내려주소서.

성령의 충만한 은혜 속에서 세상을 딛고 순례자의 길을 가렵니다.

오~ 성령이시여!

오~ 성령의 바람이시여!

그 바람을 가득 채워주소서.

저희 심장이 성령으로 녹아나고 싶습니다.

저희 마음이 성령으로 녹아나고 싶습니다.

저희 심령이 성령으로 지펴지고 싶습니다.

성령의 충만한 바람으로 계속 불어오소서.

새벽에도 그 바람이 불어오게 하소서.

아침에도 그 바람이 불어오게 하소서.

저녁에도 그 바람이 불어오게 하소서.

밤낮으로 그 바람에 붙들려 살게 하소서.

그러므로 너희도 영적인 것을 사모하는 자인즉 교회의 덕을 세우기 위하여 그것이 풍성하기를 구하라 (고린도전서 14:12)

내가 여호와께 바라는 한 가지 일 그것을 구하리니 곧 내가 내 평생에 여호와의 집에 살면서 여호와의 아름다움을 바라보며 그의 성전에서 사모하는 그것이라 (시편 27:4)

주님은 치유의 광채이십니다!

오! 주님이시여,
당신은 병든 자를 치유하는 광채이십니다.
마음이 울적할 때에 찬양의 광채가 되십니다.
마음이 어두울 때에 하늘의 광채가 되십니다.
마음이 소진될 때에 희망의 광채가 되십니다.

당신의 임재의 광채로 나를 감싸 주소서.
당신의 은혜의 광채가 내 근심을 녹여버려 주소서.
당신의 천국의 광채가 세상의 괴로움을 녹여 주소서.

주님 당신은 치유의 광채이십니다.
주님 당신은 찬양의 광채이십니다.
주님 당신은 은혜의 광채이십니다.

당신의 아름다운 광채로 감싸 주소서.
그 광채로 인하여 찬양이 흐릅니다.
그 광채로 인하여 기쁨이 흐릅니다.
그 광채로 인하여 기도가 흐릅니다.
그 광채로 인하여 감사가 흐릅니다.
그 신비로운 광채로
눈물을 축복으로 바꾸어주시고
슬픔을 기쁨으로 바꾸어주시고
굉음을 청아한 악기소리로 바꾸어주시고

일그러진 모습을 아름다운 모습으로 바꾸어주소서.

주님의 빛 안에는 치유의 샘이 존재합니다.
주님의 빛 안에서 영원한 생명이 존재합니다.
주님의 빛 속으로 거닐고 싶습니다.
주님의 빛 안에서 거니는 것이 최고의 행복임을 알게 해 주소서.

그의 광명이 햇빛 같고 광선이 그의 손에서 나오니 그의 권능이 그 속에 감추어졌도다 (하박국 3:4)

내 이름을 경외하는 너희에게는 공의로운 해가 떠올라서 치료하는 광선을 비추리니 너희가 나가 서 외양간에서 나온 송아지 같이 뛰리라 (말라기 4:2)

시험에 들지 않게 하소서

세상의 시험은 끊임없습니다.

다양한 모습으로 다가옵니다.

삼킬 자를 찾으려고 유혹하고 있습니다.

하지만 주의 백성들에겐 주 하나님이 계십니다.

자기 백성들을 돌보시고 지키심을 믿습니다.

주님께서는 광야에서 시험을 당하셨으나 승리하셨습니다.

떡의 유혹에서 승리하셨습니다.

물질의 유혹에서 승리하셨습니다.

명예의 유혹에서 승리하셨습니다.

저희들에게도 주님처럼 승리하게 하소서.

사탄의 모든 시험으로부터 완전한 승리를 거두게 하소서.

아브라함도 시험에서 이겼으며,

요셉도 시험에서 승리하였습니다.

욥은 극한 고난에서 정금 같이 단련받고 나와서 승리하였습니다.

바울은 많은 박해에서 승리하였습니다.

주님께서는 가장 큰 고통 앞에서 승리하셨습니다.

주님, 불 같은 시련들 앞에서도 두려워하지 않게 하소서.

담대히 나아가게 하소서.

시험이 올 때 두려워하지 않게 하소서.

시험이 올 때 주님을 더욱 의지하게 하소서.

시험이 올 때 주저앉지 않게 하소서.

하나님의 전신갑주를 입고 무장하게 하소서.

성령의 충만으로 능력을 얻게 하소서.

믿음의 방패를 가지게 하소서.

의의 흉배를 붙이게 하소서.

무시로 기도하게 하소서.

말씀의 검으로 어둠의 세력을 제압하게 하소서.

십자가의 능력을 의지하게 하소서.

부활의 능력을 의지하게 하소서.

하늘과 땅의 모든 권세를 소유하신 주님을 바라보게 하소서.

주님의 이름으로 승리하게 하소서.

주님의 능력으로 나아가게 하소서.

아멘.

시험에 들지 않게 깨어 있어 기도하라 마음에는 원이로되 육신이 약하도다 하시고 (마가복음 14:38)

사람이 감당할 시험 밖에는 너희가 당한 것이 없나니 오직 하나님은 미쁘사 너희가 감당하지 못할 시험 당함을 허락하지 아니하시고 시험 당할 즈음에 또한 피할 길을 내사 너희로 능히 감당하게 하시느니라 (고린도전서 10:13)

나의 힘이 되신 여호와여~

하나님은 힘이 되십니다.

도울 힘이 없는 인생을 의지하지 않게 하소서.

권력자, 방백들을 의지하지 않게 하소서.

금방 사라지는 물질을 의지하지 않게 하소서.

환경을 의지하지 않게 하소서.

세상을 의지하지 않게 하소서.

오로지 주 하나님만 의지하게 하소서.

하나님만이 인생에 진정한 의지이십니다.

하나님만이 인생에 진정한 힘이십니다.

하나님만이 인생에 진정한 길이십니다.

하나님만이 인생에 진정한 산성이십니다.

하나님만이 인생에 진정한 영광이십니다.

주님은 나의 반석이십니다.

주님은 나의 요새십니다.

주님은 나의 산성이십니다.

주님은 나의 바위이십니다.

주님은 나의 능력이십니다.

주님은 나의 찬송이십니다.

주님의 나의 힘이십니다.

나의 힘이신 여호와여 내가 주를 사랑하나이다 (시편 18:1)

나의 힘이시여 내가 주께 찬송하오리니 하나님은 나의 요새이시며 나를 긍휼히 여기시는 하나님
이심이니이다 (시편 59:17)

Chapter 5
주님의 음성 사모

당신의 음성을 듣게 하소서

주님,
당신의 음성은 제 마음을 행복하게 하고,
당신의 음성은 제가 가야 할 길을 깨닫게 하며
당신의 음성은 들어도 들어도 또 듣고 싶은 음성입니다.
세상의 음성보다 당신의 음성으로 즐거워하게 하시고,
세상의 격려보다 당신의 격려로 만족하게 하소서.

주님,
당신의 사랑스러운 음성을 들을 수 있는 귀를 허락해 주시고,
당신의 음성을 분별할 수 있는 영안의 귀를 허락해 주소서.
당신이 채찍질해 주는 소리도 귀담아 듣게 하시고,
당신이 지적하시는 소리도 겸손히 듣게 하소서.

달콤한 음성만 아니라
오히려 약처럼 쓴 소리도 더 귀를 기울이게 하소서.
그 음성이 제 몸과 영을 수술하고 치유하게 하소서.

아침에 나로 하여금 주의 인자한 말씀을 듣게 하소서 내가 주를 의뢰함이니이다 내가 다닐 길을
알게 하소서 내가 내 영혼을 주께 드림이니이다 (시편 143:8)

만군의 하나님 여호와시여 나는 주의 이름으로 일컬음을 받는 자라 내가 주의 말씀을 얻어 먹었
사오니 주의 말씀은 내게 기쁨과 내 마음의 즐거움이오나 (예레미야 15:16)

목자의 음성을 듣게 하소서

주님,

양들이 목자의 음성을 듣고 기뻐하듯이

저희가 목자이신 주님의 음성을 듣고 기뻐하게 하소서.

그 음성을 계속 들려주소서,

그 음성을 듣기 위해 당신의 발아래 내려가게 하소서.

그 음성에 집중하게 하소서.

그 음성에 녹아지게 하소서.

그리운 당신의 음성,

그리운 당신의 말씀,

그리운 당신의 사랑,

늘 경험하고 늘 느끼고 늘 먹게 하소서!

또 이 우리에 들지 아니한 다른 양들이 내게 있어 내가 인도하여야 할 터이니 그들도 내 음성을 듣고 한 무리가 되어 한 목자에게 있으리라 (요한복음 10:16)

주께서 이미 나의 음성을 들으셨사오니 이제 나의 탄식과 부르짖음에 주의 귀를 가리지 마옵소서 (예레미야애가 3:56)

푸른 생명이신 주님이시여!

사랑하는 주님,
사람들은
푸른 곳을 좋아합니다.
푸른 숲을 좋아합니다.
푸른 산을 좋아합니다.
푸른 나무를 좋아합니다.
푸른 식물을 좋아합니다.

주님은 푸른 나무이십니다.
주님은 영원히 푸른 든든한 나무이십니다.
주님의 나무 곁에서 쉬고 싶습니다.
주님의 나무 곁에서 눕고 싶습니다.
주님의 나무 아래에서 당신의 음성을 듣고 싶습니다.

푸른 생명의 말씀을 듣고 싶습니다.
푸른 생명의 메시지를 듣고 싶습니다.
푸른 심령을 가지고 주 하나님을 찬양하고 싶습니다.
푸른 주님의 초장에서 생명의 이야기를 듣고 싶습니다.

푸른 존재가 되게 하소서.
푸른 생명의 말을 전하는 푸른 입술이 되게 하소서.
푸른 사랑으로 영혼들을 사랑하게 하소서.
푸른 사랑으로 병든 영혼들을 어루만져주게 하소서.

푸른 사랑으로 약한 자들을 품어주게 하소서.

당신의 푸른 말씀은 생명이십니다.
당신의 푸른 음성은 계속 듣고 싶습니다.
당신의 푸른 생명을 품고 날마다 생명이 흐르게 하소서.

시들어갈 때 푸른 당신이 오셔서 어루만져 주소서.
주변 사람들이 떠날 때 당신이 더 가까이 오셔서 함께 해 주소서.
외로운 사람을 볼 때 다가가게 하소서.
아픈 사람을 볼 때 다가가게 하소서.
가난한 사람을 볼 때 다가가게 하소서.
당신의 푸른 힘을 힘입어 살게 하소서.
당신의 푸른 힘을 가지고 복음을 전하게 하소서.

여호와는 나의 목자시니 내게 부족함이 없으리로다
그가 나를 푸른 풀밭에 누이시며 쉴 만한 물 가로 인도하시는도다 (시편 23:2)

그러나 나는 하나님의 집에 있는 푸른 감람나무 같음이여
하나님의 인자하심을 영원히 의지하리로다 (시편 52:8)

주님, 가르쳐 주소서

사랑하는 주님,
저는 무지합니다. 저는 어리석습니다.
저는 아무것도 모릅니다.

제가 아는 것이라고는 당신의 이름뿐입니다.

당신만이 정직하고
당신만이 전지하고
당신만이 저를 온전히 아십니다.

저는 모르는 것밖에 없사오나
당신은 모든 것을 아십니다.

어디서 왔다가
어디로 가는지 아십니다.
피조물의 모든 영역을 아십니다.
제 연약을 가장 잘 아십니다.

스승이 되어 주소서.
길을 알려주소서.
하나하나 알려주소서.
천국을 알려주소서.
부활을 가르쳐 주소서.

영원한 세계에 대해 알려주소서.

영원한 사랑을 알려주소서.

당신의 가르침은 정직하나이다.

당신의 가르침은 의로우십니다.

당신의 가르침은 보석의 가르침입니다.

당신의 지식만 완전합니다.

당신의 지혜만 무궁합니다.

당신의 아심만이 완벽합니다.

당신 앞에 내어놓을 것이 아무것도 없습니다.

지푸라기 같은 존재입니다.

들의 풀과 같은 존재입니다.

죄를 먹고 마시며 사는 자입니다.

죄인 중에 죄인입니다.

죄 가운데서 허덕이고 있습니다.

저를 구원하소서.

저를 긍휼히 여기소서.

영원한 구원자가 되소서.

영원한 생명이 되어주소서.

영원한 스승이 되어주소서.

주의 얼굴을 주의 종에게 비추시고 주의 율례로 나를 가르치소서 (시편 119:135)

지혜자들의 말씀들은 찌르는 채찍들 같고 회중의 스승들의 말씀들은 잘 박힌 못 같으니 다 한 목
자가 주신 바이니라 (전도서 12:11)

당신의 뜻과 계획 아래 들어가게 하소서!

사랑하는 하나님 아버지!
저를 향한 당신의 계획은 무엇입니까?
당신의 계획을 열어보여 주소서.
다 알 수는 없어도 한 가지 아는 것이 있습니다.
가장 선하게 가장 좋은 길로 인도하신다는 것입니다.
제가 세운 계획들은 아무것도 아닙니다.
결국 걸음을 인도하시는 분은 하나님이십니다.
제 걸음은 당신의 손에 달렸습니다.
제 미래의 걸음은 당신의 손에 달렸습니다.

당신을 더욱 신뢰하게 하소서.
당신이 빚어 가실 때 힘들어하지 않게 하소서.
당신이 만들어 가시는 모습에 순응하게 하소서.

당신의 인도하심은 멋지십니다.
당신의 인도하심은 선하십니다.
당신의 인도하심은 선한 계획을 이루시기 위함입니다.
그것을 항상 신뢰하며 굳게 나아가게 하소서.

우리의 고집대로 하지 않게 하소서.
우리의 생각대로 하지 않게 하소서.
우리의 마음대로 하지 않게 하소서.

당신의 뜻대로 운행해 주소서.

당신의 뜻대로 인도하소서.

당신의 계획하심에 순응하게 하소서.

당신의 결정하심에 수종들게 하소서.

당신의 인도하심에 온전히 따르게 하소서.

네 마음의 소원대로 허락하시고 네 모든 계획을 이루어 주시기를 원하노라 (시편 20:4)

사람의 마음에는 많은 계획이 있어도 오직 여호와의 뜻만이 완전히 서리라 (잠언 19:21)

여호와의 계획은 영원히 서고 그의 생각은 대대에 이르리로다 (시편 33:11)

영으로 살게 하소서!

사랑하는 주님,

육신보다 영을 좇게 하소서.

육체 가운데 있는 욕망을 이기게 하소서.

육체 가운데 스며드는 죄를 이기게 하소서.

육체 가운데 스며드는 육심을 이기게 하소서.

육의 생각을 십자가에 못박게 하소서.

육의 생각을 날마다 십자가의 능력으로 쳐부수게 하소서.

육의 사람보다 영의 사람이 되고 싶습니다.

영의 사고로 사고하게 하시고

영의 언어로 말하게 하시고

영의 기도로 기도하게 하시고

영의 찬양으로 찬양하게 하시고

영의 은혜 깊은 곳으로 인도하소서.

아침에 영을 좇아 살게 하소서.

낮에도 영을 좇아 살게 하소서.

밤에도 영을 좇아 살게 하소서.

성령의 희락으로 기뻐하게 하소서.

성령의 인도를 따르게 하소서.

성령의 절제를 따르게 하소서.

성령의 능력을 의지하게 하소서.

성령의 지혜로 살아가게 하소서.

성령의 바람을 맞으면서,

성령의 춤을 추면서,

성령의 기운을 받으면서,

성령의 기도를 통해 놀라운 역사가 나타나게 하소서.

육신의 일을 좇는 자는 육신의 일을 영을 좇는 자는 영의 일을 생각하나니 (롬 8:5)

그러면 어떻게 할까 내가 영으로 기도하고 또 마음으로 기도하며
내가 영으로 찬송하고 또 마음으로 찬송하리라 (고린도전서 14:15)

희망의 소리로 바꾸어주소서!

주님, 세상에는 다양한 사람들이 소리를 냅니다.
어떤 사람들은 사고를 만나 신음하는 소리를 냅니다.
어떤 사람들은 가정에서 서로 힘들어 소리를 냅니다.
어떤 사람들은 교각에서 죽기 위해 소리를 냅니다.
어떤 사람들은 사고를 당하여 소리를 냅니다.
어떤 사람들은 병원에서 고통스러워 소리를 냅니다.

어떤 사람들은 실연당하여 아픈 소리를 냅니다.
어떤 사람들은 질병으로 고통의 소리를 냅니다.
너무나 고통스러운 소리들입니다.

그들의 아픔들을 치유해 주소서.
그들의 아픔들을 위로해 주소서.
그들에게 기도의 사람들을 붙여 주소서.
그들에게 손을 잡아줄 수 있는 천사를 보내주소서.
그들에게 위로의 말을 전해줄 선한 격려자를 예비하소서.

주님,
그들에게 진정 필요한 것은 당신의 음성입니다.
당신의 소리를 그들에게 들려주소서.
당신의 빛을 그들에게 비추어주소서.
그러면 그들은 광채 앞에서 희망을 얻을 것입니다.
당신의 음성을 들려주소서.

그러면 그들은 위로를 받을 것입니다.

당신의 손으로 치유하소서.

그러면 그들은 치유될 것입니다.

비명의 소리를 기쁨의 소리로 바꾸어주시고

절망의 소리를 희망의 소리로 바꾸어주시고

아픔의 소리를 치유의 소리로 바꾸어주소서.

네가 희망이 있으므로 안전할 것이며 두루 살펴보고 평안히 쉬리라 (욥기 11:18)

나무는 희망이 있나니 찍힐지라도 다시 움이 나서 연한 가지가 끊이지 아니하며 (욥기 14:7)

당신의 소리는

주님,

당신의 소리는 청아합니다.

당신의 소리는 치유의 소리입니다.

당신의 소리는 소망의 소리입니다.

당신의 소리로 제 영혼을 가득 채워 주소서.

당신의 음성을 가지고 사람을 대하고

당신의 음성을 가지고 환경을 대하고

당신의 음성을 가지고 역경을 이기게 하소서.

세상의 소리를 들으면 심장이 아파옵니다.

당신의 소리를 들으면 심장이 기뻐 뜁니다.

세상에서 들려오는 난폭한 소리는 제 심령을 아프게 합니다.

당신의 부드러운 음성은 제 심령을 치유합니다.

당신의 부드러운 음성으로 제 심령을 감싸 주소서.

당신의 음성으로 제 삶을 인도하소서.

하나님의 음성 곧 그의 입에서 나오는 소리를 똑똑히 들으라 (욥기 37:2)

이 일 후에 내가 들으니 하늘에 허다한 무리의 큰 음성 같은 것이 있어 이르되 할렐루야 구원과
영광과 능력이 우리 하나님께 있도다 (요한계시록 19:1)

나의 왕이시여 다스려 주소서!

나의 왕이시여~ 당신의 통치를 받고 싶습니다.
당신의 통치는 공평하고 정의롭습니다.
당신의 통치는 의로우십니다.
당신의 통치를 받는 자가 행복하나이다.
당신의 통치를 받는 당신의 백성이 되고 싶습니다.
당신의 통치를 받는 당신의 사람이 되고 싶습니다.

나의 심령을 다스려 주소서.
나의 언어를 다스려 주소서.
나의 영혼을 다스려 주소서.
나의 생활을 다스려 주소서.
나의 두 손을 다스려 주소서.
나의 두 발을 다스려 주소서.
나의 두 눈을 다스려 주소서.
나의 두 귀를 다스려 주소서.
나의 머리를 다스려 주소서.
나의 걸음을 다스려 주소서.
나의 갈 길을 다스려 주소서.
나의 모든 것들을 다스려 주소서.

하나님의 종 모세의 노래, 어린 양의 노래를 불러 이르되 주 하나님 곧 전능하신 이시여 하시는
일이 크고 놀라우시도다 만국의 왕이시여 주의 길이 의롭고 참되시도다 (요한계시록 15:3)

종려나무 가지를 가지고 맞으러 나가 외치되 호산나 찬송하리로다 주의 이름으로 오시는 이 곧
이스라엘의 왕이시여 하더라 (요한복음 12:13)

바른 기도를 드리게 하소서

주님,
사랑받기보다 사랑하게 하시고
섬김받기보다 섬기게 하시고
위로받기보다 위로하게 하시고
용서받기보다 용서하게 하시고
기도받기보다 기도하게 하시고
대접받기보다 대접하게 하시고
높임받기보다 낮아지게 하시고
안일하기보다 십자가를 지게 하소서.

땅의 유산보다 하늘의 유산을 사모하게 하시고
땅의 환대보다 하늘의 환대를 사모하게 하시고
땅의 축복보다 하늘의 축복을 사모하게 하소서.

자신보다 이웃을 생각하게 하시고
큰자보다 소자를 생각하게 하시고
부자보다 빈자를 생각하게 하시고
축복보다 고난을 생각하게 하시고
세상의 보화보다 하늘의 보화를 생각하게 하소서.

하나님이여 내 기도에 귀를 기울이시고 내가 간구할 때에 숨지 마소서 (시편 55:1)

만군의 여호와 이스라엘의 하나님이여 주의 종의 귀를 여시고 이르시기를 내가 너를 위하여 집을
세우리라 하셨으므로 주의 종이 이 기도로 주께 간구할 마음이 생겼나이다 (사무엘하 7:27)

나누며 살게 하소서

사랑하는 아버지~
당신의 사랑은 크고 놀랍습니다.
자신의 아들을 이 땅에 선물로 보내셨습니다.
자신의 아들을 십자가 위에 제물로 내어주셨습니다.
그것은 순전히 우리를 사랑하신 그 사랑 때문입니다.

아버지의 사랑이 제게 있으니
기쁘게 나누며 살게 하소서.
아버지로부터 받은 사랑을 나누길 원합니다.

가난한 지구촌 사람들에게 나누게 하소서.
병자들에게 치유의 메시지로 나누게 하소서.
절망에 처한 자들에게 희망을 나누게 하소서.
원망하는 자들에게 감사의 메시지로 나누게 하소서.
웃음을 잃어버린 자들에게 하늘의 희락을 나누게 하소서.
외로운 자들에게 영적인 친구가 되어주게 하소서.
어둠 속에서 방황하는 이들에게 빛이 되게 하여 주소서.

선을 행하고 선한 사업을 많이 하고 나누어 주기를 좋아하며 너그러운 자가 되게 하라 (디모데전
서 6:18)

이 모든 일은 같은 한 성령이 행하사 그의 뜻대로 각 사람에게 나누어 주시는 것이니라 (고린도전
서 12:11)

고요함 속에서 다가오시는 주님

사랑하는 주님,
고요한 소리가 들려옵니다.
사람들이 잠들고 고요할 때 유난히 주님을 더 사모합니다.
사람들이 잠들어 세상이 고요한 시간에
주님과 깊은 대화에 젖어들고 싶습니다.

인터넷의 댓글 싸움도 시끄럽고
시도 때도 없이 들려오는 핸드폰 소리도 시끄럽고
제각기 생존을 위해 데모하는 소리도 시끄럽고
도로 위에 즐비한 자동차 엔진 소리도 시끄럽습니다.
그러한 소리에 빠져들지 않게 하시고
조용한 주님과의 시간을 더 많이 가질 수 있도록 인도하소서.
인터넷 온라인과 스마트폰 서비스 등 다양한 교제도 필요하나
우선적인 주님과의 관계보다 앞서지 않게 하소서.

주님께서 병자들을 치유하시고 말씀을 전하시느라
식사할 겨를이 없이 바쁘시기도 하셨지만
조용한 시간을 찾으셨습니다.
많은 군중들을 뒤로하고 홀로 숨으셨습니다.
습관적으로 겟세마네 동산을 찾으셨습니다.
새벽 미명에도 그 자리를 찾으셨습니다.
하늘의 에너지로 다시 충전하셨습니다.
하늘 아버지와 대화하며 힘을 얻으셨습니다.

그런 주님의 기도를 배우고 싶습니다.

그런 주님의 홀로의 시간을 배우고 싶습니다.

군중들의 환호와 열광 속에서 깊이 빠져들지 않게 하시고

아버지의 뜻을 좇아 걸어가는 조용한 걸음이 빛납니다.

그 걸음을 저희들도 따르게 하소서.

조용히 들리는 지혜자들의 말들이 우매한 자들을 다스리는 자의 호령보다 나으니라 (전도서 9:17)

주의 말씀을 조용히 읊조리려고 내가 새벽녘에 눈을 떴나이다 (시편 119:148)

성령님, 계속 대화하고 싶습니다!

제 몸 안에 거하시는 성령님~
제 영혼 안에 함께 해주시는 성령님~
성령님을 밤낮 사모합니다.
제가 일어나자마자 성령님을 찾습니다.
제가 일어나자마자 성령님과 대화합니다.
제가 일어나서 제일 먼저 인사드리는 분도 성령님이시고
제가 걸어가면서 제일 의지하는 분도 성령님이십니다.
제가 잠들기 전에 마지막으로 찾는 분도 성령님이십니다.
아침에 기도드리고.
수시로 기도드리고,
걸으면서 기도드리고,
일하면서 기도드리고,
말씀을 읽고 기도드리고,
고통스러울 때 기도드리고,
좋은 일이 생길 때에도 기도드리고,
어려운 일이 있을 때에도 기도드립니다.
성령님과 대화함이 없이 아무것도 할 수 없습니다.
성령님과 대화함이 없이 글을 쓸 수 없으며
성령님과 대화함이 없이 어떤 일을 수행할 수 없습니다.

성령께서 저를 품어주실 때
제가 성령을 품을 수 있습니다.
성령께서 저를 사랑해 주실 때

저도 성령님을 사랑할 수 있습니다.

성령께서 함께 해주실 때 말씀도 깨닫습니다.

성령님,

제 연약함을 알게 해 주소서.

제 허물과 죄를 알게 해 주소서.

언제나 고백하게 하소서.

무슨 일이든 먼저 성령님과 대화하고 진행하게 하소서.

성령님과 대화하며 계획하게 하소서.

성령님과 대화하며 결정하게 하소서.

성령님과 대화하며 사람을 만나게 하소서.

성령님과 대화하며 방향을 정하게 하소서.

성령님께서

제 생각을 주장해 주시고,

제 눈을 주장해 주시고,

제 머리를 주장해 주시고,

제 귀를 주장해 주시고,

제 입술을 주장해 주소서.

그러므로 그리스도 안에 무슨 권면이나 사랑의 무슨 위로나 성령의 무슨 교제나 긍휼이나 자비가 있거든 마음을 같이하여 같은 사랑을 가지고 뜻을 합하며 한마음을 품어 아무 일에든지 다툼이나 허영으로 하지 말고 오직 겸손한 마음으로 각각 자기보다 남을 낮게 여기고 각각 자기 일을 돌볼 뿐더러 또한 각각 다른 사람들의 일을 돌보아 나의 기쁨을 충만하게 하라 (빌립보서 2:1-4)

자신의 문제를 바로 보게 하소서!

사랑의 주님이시여,
감사합니다.
오늘도 감사 기도드립니다.
제 문제들을 말씀의 거울 앞에서 보여주셔서 감사드립니다.
제 허물들을 십자가 거울 앞에서 보여주셔서 감사드립니다.
다른 사람들의 문제보다 제 문제들을 보게 하여 주소서.
다른 사람들의 허물보다 제 허물들을 보게 하여 주소서.
세상 사람들의 허물들은 잘 덮어주게 하소서.
그 대신 제 허물들은 늘 고백하고 씻음받게 하소서.
스스로를 의롭게 여기는 저 영혼들을 불쌍히 여겨주소서.

다른 사람들의 가시보다 제 속의 들보를 보게 해 주소서.
제 눈을 밝혀 주소서.
죄인들을 불쌍히 여겨 주소서
세상에는 자신의 잘못을 모르는 사람들이 있습니다.
세상에는 상처를 주는 사람들이 있습니다.
저들의 죄를 용서하여 주소서.
자신이 상처를 주었음에도 불구하고
오히려 상처를 입었다는 사람들도 있습니다.
주변 사람 때문에 성공했음에도
자신이 잘 나서 성공한 줄로 생각하는 이들도 있습니다.
하나만 알면서도 열을 아는 것처럼 말하는 사람도 있습니다.
저들의 약함을 용서하소서.
타인의 허물을 잘 감추어주며 사랑하고 품을 수 있게 하소서.
우리 모두를 불쌍히 여겨 주소서.
잠시도 교만한 마음에 휩쓸리지 않도록 심령을 지켜 주소서.
날마다 말씀 앞에 자신을 돌아보게 하소서.
겸손의 영으로 채우소서.
날마다 자신을 십자가에 못박게 하소서.
날마다 통회자복하게 하소서.
싸움에서 짐으로서 이기는 주님의 삶을 배우게 하소서.
남아짐으로서 더 높아지는 은혜의 법을 배우게 하소서.

자기 허물을 능히 깨달을 자 누구리요
나를 숨은 허물에서 벗어나게 하소서 (시편 19:12)

허물을 덮어 주는 자는 사랑을 구하는 자요
그것을 거듭 말하는 자는 친한 벗을 이간하는 자니라 (잠언 17:9)

주님, 진실하게 하소서

신실하신 주님.

제가 진실하게 한번 살아보고 싶어요.

제가 진실하게 말하고 진실하게 행동해도

제 진실을 믿어 주지 않는 사람들을 만나면 당황하게 됩니다.

때론 속상하기도 합니다.

그럴 때에도 제가 시험에 들지 않게 하소서.

실수나 손해 본 것에 대해 억울함도 이기게 하소서.

미련 없이 잘 지우게 하소서.

주님의 신실하심을 본받고 싶습니다.

주님의 신실하심을 늘 닮고 싶습니다.

하나님은 변하지 않으신 분이라고 했습니다.

하나님의 말씀도 영원히 변하지 않음을 고백합니다.

예수그리스도께서는 어제나 오늘이나 영원토록
동일하시다고 하셨습니다.
그런 신실함으로 저희들에게도 가득 채워주소서.

약할 때에도 진실을 지키게 해 주소서.
강하신 주님이 이끌어 주소서.
아버지와 교통할 때 진실할 수 있음을 고백합니다.
세상과 교통하고, 어둠과 교통하면
거짓될 수밖에 없음을 고백합니다.
거짓의 아비를 본받지 않게 하소서.
그 이름이 진실과 평화의 왕이신 예수 그리스도로
가득 채워져서 진리와 진실의 길을 가게 하소서.

그런즉 너는 알라 오직 네 하나님 여호와는 하나님이시오 신실하신 하나님이시라 그를 사랑하고
그의 계명을 지키는 자에게는 천 대까지 그의 언약을 이행하시며 인애를 베푸시되 (신명기 7:9)

그는 자기를 세우신 이에게 신실하시기를 모세가 하나님의 온 집에서 한 것과 같이 하셨으니 (히
브리서 3:2)

축복의 통로가 되게 하소서!

사랑하는 주님,

아브라함처럼 축복의 통로가 되게 하소서.

요셉처럼 축복의 통로가 되게 하소서.

에스더처럼 축복의 통로가 되게 하소서.

다윗처럼 축복의 통로가 되게 하소서.

룻처럼 축복의 통로가 되게 하소서.

마리아와 요셉처럼 축복의 통로가 되게 하소서.

예수 그리스도께서는 가장 큰 구원의 통로가 되었습니다.

저도 작은 예수가 되어 축복의 통로가 되고 싶습니다.

예수님의 제자로서 축복의 통로가 되게 하소서.

브리스가와 아굴라처럼 축복의 통로가 되게 하소서.

고넬료처럼 축복의 통로가 되게 하소서.

안나처럼 기도로 축복의 통로가 되게 하소서.

바울처럼 기도와 전도로 복음의 통로가 되게 하소서.

저희들을 통해 열방이 주께로 돌아오게 하소서.

하나님의 언약 안에 있는 축복의 통로가 되게 하소서.

내가 너로 큰 민족을 이루고 네게 복을 주어 네 이름을 창대하게 하리니 너는 복이 될지라 (창세기 12:2)

네 아버지의 축복이 내 선조의 축복보다 나아서 영원한 산이 한 없음 같이 이 축복이 요셉의 머리로 돌아오며 그 형제 중 뛰어난 자의 정수리로 돌아오리로다 (창세기 49:26)

십자가를 지게 하소서

사랑하는 주님,

안락보다 십자가를 지게 하소서.

시련을 피하려하기보다 시련을 극복하게 하소서.

고난을 피하려하기보다 고난을 뚫고 지나가게 하소서.

십자가를 멀리하려는 마음을 제거해 주소서.

십자가를 지고 견디어내는 힘을 주소서.

십자가 지는 고통을 마다하지 않게 하소서.

십자가를 지신 주님을 인내로 따르게 하소서.

십자가를 외면하지 않게 하소서.

십자가가 없는 복음이 없음을 알게 하소서.

십자가의 복음을 알고 그대로 전하며 살게 하소서.

십자가의 능력을 지니게 하소서.

환난을 두려워하지 않게 하소서.

예수 그리스도를 부인하지 않게 하소서.

마지막까지 십자가를 지고 따르게 하소서.

억지로 지는 십자가가 아니라 진실로 십자가의 삶을 살게 하소서.

무리와 제자들을 불러 이르시되 누구든지 나를 따라오려거든 자기를 부인하고 자기 십자가를 지고 나를 따를 것이니라 (마가복음 8:34)

그러나 내게는 우리 주 예수 그리스도의 십자가 외에 결코 자랑할 것이 없으니 그리스도로 말미암아 세상이 나를 대하여 십자가에 못 박히고 내가 또한 세상을 대하여 그러하니라 (갈라디아서 6:14)

우리의 것이 아닌 당신의 것을

주님이시여,
우리의 기도가 아닌 당신의 기도를 가르쳐 주소서!
우리의 비전이 아닌 당신의 비전을 가르쳐 주소서!
우리의 사랑이 아닌 당신의 사랑을 가르쳐 주소서!
우리의 능력이 아닌 당신의 능력을 가르쳐 주소서!
우리의 말씨가 아닌 당신의 말씀을 가르쳐 주소서!
우리의 생명이 아닌 당신의 생명을 가르쳐 주소서!
우리의 생명이 아닌 당신의 생명을 가르쳐 주소서!
우리의 노래가 아닌 당신의 찬양을 가르쳐 주소서!
우리의 정결이 아닌 당신의 거룩을 가르쳐 주소서!
우리의 세상이 아닌 당신의 나라를 가르쳐 주소서!
우리의 도덕이 아닌 당신의 의를 가르쳐 주소서!

Chapter 6
주님의 위로 사모

주님, 제가 나아갑니다

주님께 나아가고 싶습니다.
비가 와도 나아가고 싶습니다.
눈이 와도 나아가고 싶습니다.
바람이 불어도 나아가고 싶습니다.
풍랑이 일어나도 나아가고 싶습니다.
제가 주님께 나아갈 때 미소가 살아납니다.
제가 주님께 나아갈 때 희락이 살아납니다.
제가 주님께 나아갈 때 가장 행복합니다.

찬양하며 나아갑니다.
기도하며 나아갑니다.
걸으면서 나아갑니다.
영으로 호흡하며 나아갑니다.

주의 이름을 부르면서 나아갑니다.

두 손을 들고 나아갑니다.

회개하며 나아갑니다.

제가 갈 때 거절하지 마옵소서.

제가 갈 때 기쁨으로 영납하소서.

제가 갈 때 힘이 솟아납니다.

제가 가서 쉴 수 있는 곳입니다.

제가 가서 투정을 부릴 수 있는 곳입니다.

제가 가서 마음껏 부르짖을 수 있는 곳입니다.

제가 가서 눈물을 흘릴 수 있는 곳입니다.

제가 가서 진정 행복해 할 수 있는 곳입니다.

여호와는 나의 목자시니 내게 부족함이 없으리로다 그가 나를 푸른 풀밭에 누이시며 쉴 만한 물가로 인도하시는도다 (시편 23:1-2)

기쁨으로 여호와를 섬기며 노래하면서 그의 앞에 나아갈지어다 (시편 100:2)

주님, 홀로 걸을 때 함께 하소서

광야에서 홀로 다녀도 이길 힘을 주소서.
사람들을 두려워하지 않는 담대함을 주소서.
몸이 약하여 엎드려 기도드릴 때 회복되게 하소서.
홀로 찬양을 마음껏 드릴 수 있는 은혜를 베푸소서.
홀로 기도하여도 감당할 수 있는 능력을 주소서.
홀로 말씀을 대할 때 그 말씀을 바로 깨달을 수 있게 하소서.
성령의 인도하심을 의지할 때 뜨거워지게 하소서.
성령님과의 심오한 교제, 교통을 멈추지 말게 하소서.
날이 갈수록 더 성령님을 의지하게 하소서.
성령의 교통하는 시간을 누구에게도 빼앗기지 않게 하소서.

오늘 새벽도 입을 뜨겁게 열어 주시니 감사를 드립니다.
홀로 부르짖습니다.
홀로 약할 때 강한 척하지 않게 하시고
홀로 약할 때 강하신 주님을 의지하게 하소서.
시시때때로 힘을 내어서 일을 감당할 수 있게 하소서.
교만의 함정에 넘어지지 않게 하시고
항상 겸손의 길로 걷게 하소서.
다른 성향의 사람들도 많이 이해하게 하시고
오직 그리스도의 사랑으로 대하게 하소서.

주님, 당신은 위대하신 분이요 존귀하신 분이십니다.
기운이 떨어져 오면 홀로 기도문을 적거나 기도를 드립니다.

이렇게 하면서 홀로 주님을 더욱 의지하게 되면
새로운 기운도 생기고 기분도 좋아집니다.
저는 주 예수 그리스도의 자녀라는 사실에
엄청난 자부심을 갖고 있습니다.
이것은 당신이 제게 주신 은혜의 선물입니다.

홀로 있을 때 주님을 생각하면 행복해집니다.
홀로 기도하며 주님의 품에 안길 때 가장 행복합니다.
홀로 있을 때에 주님을 더욱 사랑합니다!
홀로 있을 때에 주님을 더욱 진심으로 사랑합니다!
주님께서 보여주신 비밀,
생명의 길, 천국의 길을 알게 해주셔서 감사드려요.
그것 때문에 저는 오늘도 너무너무 행복한 길을 걷고 있습니다.
행복해요, 할렐루야! 아 멘

보라 너희가 다 각각 제 곳으로 흩어지고 나를 혼자 둘 때가 오나니 벌써 왔도다 그러나 내가 혼
자 있는 것이 아니라 아버지께서 나와 함께 계시느니라 (요한복음 16:32)

무리를 보내신 후에 기도하러 따로 산에 올라가시니라 저물매 거기 혼자 계시더니 (마태복음
14:23)

제가 갈 곳은

다양한 사람을 보게 됩니다.
사랑을 줘도 못 받는 사람,
관심을 가져 주어도 못 받는 사람
좀 깨달았다고 방방 뛰며 아우성인 사람,
자신 없어 마냥 소극적인 사람.

이 사람 저 사람,
이 생각 저 생각,
이렇게 흐르면서 하루가 지나갑니다.

묵묵히 일하는 사람,
늘 달라고만 하는 사람,
늘 도와주기만 하는 사람,
이렇게 흐르는 운명을 수용하면서 가야 합니다.
좀 다른 모양으로 살지만 탓하지 않게 하시고
제게 주어진 삶으로 잘 섬기게 하소서.
호흡할 수 있다는 것에 그저 감사하게 하소서.

제 몸이 아프고 힘들 때에는
더욱 그 나라를 그리워합니다.
제가 많이 사모하며 기다리는 나라, 하늘나라.
빗소리를 들으며 정처 없이 떠나고 싶을 때가 있습니다.
제가 쉴 곳은 세상이 아닙니다.

제가 갈 곳은 화려한 곳도 아닙니다.
제가 갈 곳은 수많은 사람들이 즐거워하는 곳도 아닙니다.
제가 갈 곳은 당신이 예비하신 섬김의 자리입니다.
당신이 예비하신 섬김의 장소입니다.
당신이 예비하신 섬김의 자리입니다.
그리고 당신이 예비하신 본향입니다.
어딘가에서 저를 반갑게 맞이해 줄 곳은
오직 한 곳 "예수님의 품"입니다.

나의 주님이시여!
저는 오늘도 주님의 품을 그리워하며
주님의 품에 안깁니다.
조용히 침묵하고 묵상하며 생각합니다.
주께 나아가는 것이 제일 큰 행복입니다.

나의 주님이시여!
제게 주님 안에서의 자유를 주셔서 감사합니다.
입을 다물고 주님의 모습 떠올리며 사모합니다.
제가 가진 것 중 가장 소중한 것을 드립니다.
이웃에게도 무엇을 나누어야 할지는 모르지만
계획도 없는 삶으로 오늘 하루 미소 지으며 살겠습니다.

나의 사랑하는 자는 내 품 가운데 몰약 향주머니요 (아가 1:13)

또 내가 들으니 하늘에서 음성이 나서 이르되 기록하라. 지금 이후로 주 안에서 죽는 자들은 복이
있도다 하시매 성령이 이르시되 그러하다 그들이 수고를 그치고 쉬리니 이는 그들의 행한 일이
따름이라 하시더라 (요한계시록 14:13)

주님, 아파요

주님!
감사합니다.
가슴이 아프고 눈물이 날 만큼 감사드려요.
주님!
사랑해요.
아프고 아린 이 가슴 쓰다듬어 주소서.
너무 아파서 지금 괴로워요.

주님!
위로받고 싶어요.
주님 가슴에 제 얼굴을 묻고 울고 또 울고 싶어요.
아린 이 가슴 어루만져 주시고 치료해 주소서.

주님!
사랑해요 많이 사랑해요.
아픔을 주셔서 제가 변화되게 해주시니 감사 감사드려요.
새롭게 새롭게 변화시켜 주셔서 감사 감사드려요.

내가 고통 중에 여호와께 부르짖었더니 여호와께서 응답하시고 나를 넓은 곳에 세우셨도다 (시편 118:5)

여호와여 내가 고통 중에 있사오니 내게 은혜를 베푸소서 내가 근심 때문에 눈과 영혼과 몸이 쇠하였나이다 (시편 31:9)

주님, 저를 부르셨습니다

주님!

저를 부르셨습니다.

저를 부르신 그 은혜가 크고 놀랍습니다.

주님!

저를 부르신 것은 저를 사랑해 주시기 때문입니다.

지난 나날 저를 사랑해 주셨고

지금 이 시간에도 저와 함께 해주시니 감사드립니다.

주님! 감사합니다.

하늘만큼 땅만큼 감사하길 원합니다.

부르심에 합당한 삶을 살게 하소서.

바울처럼 살지 못해도…

모세처럼 살지 못해도…

주님처럼 살지 못해도…

저를 부르신 그 부르심에 합당하게 살게 하소서.

여호와께서 다시 사무엘을 부르시는지라 사무엘이 일어나 엘리에게로 가서 이르되 당신이 나를 부르셨기로 내가 여기 있나이다 하니… (사무엘상 3:6)

몸이 하나요 성령도 한 분이시니 이와 같이 너희가 부르심의 한 소망 안에서 부르심을 받았느니라 (에베소서 4:4)

나의 주 그리스도시여~

나의 주 그리스도시여~
제가 곤란에 처해도
남들을 흉보지도 못하고 욕하지도 못하고
시기 질투도 못하도록 이끌어 주심에 감사드립니다.
그런 저에게 주님의 사랑만 듬뿍 주셔서
제가 날고 또 날아서 빛나는 별과 같이
주님의 영광 드러나게 해 주소서!

나의 주 그리스도시여~
제 맘을 맘껏 열 수 있게 해 주소서!
제 맘을 당신께 다 드립니다.
사랑의 불씨가 타고 있습니다.
훨훨 타고 있습니다.
주님을 높여드립니다.
겟세마네 동산에서 무척 힘드셨지요.
골고다 언덕을 향할 때 얼마나 힘드셨나요.
저도 위로해 드리고 싶습니다.

나의 주 그리스도시여~
주님께서 홀로 십자가를 지시느라 위로도 받지 못하셨지요.
제가 곁에 남아서 마리아처럼 위로해 드리고 싶습니다.
가장 소중한 제 생명을 옥합에 담아 당신께 부어드리고 싶습니다.
당신의 머리부터 발끝까지 부어드리고 싶습니다.

제 모든 것을 담아 드리고 싶습니다.

주님께 향기가 된다면 진정한 제물이 되고 싶습니다.

당신에게 영원한 향기로 날려드리고 싶습니다.

예수께서 베다니 나병환자 시몬의 집에서 식사하실 때에 한 여자가 매우 값진 향유 곧 순전한 나드
한 옥합을 가지고 와서 그 옥합을 깨뜨려 예수의 머리에 부으니 (마가복음 14:3)

여자의 말이 내가 행한 모든 것을 그가 내게 말하였다 증언하므로 그 동네 중에 많은 사마리아인이
예수를 믿는지라 (요한복음 4:39)

제 몸이 약합니다

사랑하는 주님~

주님, 제게 따스한 눈빛을 주소서

목소리를 높여 떠들기보다

잔잔한 미소로 심오한 말씀의 언어로 희망을 주게 하소서.

옳고 그름을 분별하게 해주시고

어디 가나 도움을 주는 일꾼이 되게 하소서.

주님, 그런데 제 연약함을 아시지요.
저는 몸이 약합니다.
심장도 약합니다.
눈도 약합니다.
등과 허리도 약합니다.
주님의 보혈의 손길로 치료해 주소서.

주님~
주님께서는 질고를 아는 자이십니다.
주님께서는 제 연약함을 아십니다.
주님께서 사람의 연약을 친히 체휼하셨듯이
저도 다른 사람들의 연약을 이해하게 하소서.
그 고통에 참여하는 것을 두려워하지 않게 하소서.
고통의 시간에 당신을 더 깊이 의지하므로 인하여
아버지의 신비로운 은혜를 맛보는 자녀로 굳게 세워 주소서.
제가 홀로인 것 같으나 가장 강하신 주님이 계시오니
홀로 가는 길을 두려워하지 않게 하소서.

길 가운데로 흐르더라 강 좌우에 생명나무가 있어 열두 가지 열매를 맺되 달마다 그 열매를 맺고
그 나무 잎사귀들은 만국을 치료하기 위하여 있더라 (요한계시록 22:2)

그는 멸시를 받아 사람들에게 버림 받았으며 간고를 많이 겪었으며 질고를 아는 자라 마치 사람
들이 그에게서 얼굴을 가리는 것 같이 멸시를 당하였고 우리도 그를 귀히 여기지 아니하였도다
그는 실로 우리의 질고를 지고 우리의 슬픔을 당하였거늘 우리는 생각하기를 그는 징벌을 받아
하나님께 맞으며 고난을 당한다 하였노라 (이사야 53:3-4)

주님께 응석을 부리고 싶어요!

주님!
주님의 마음과 손길은 따뜻하시잖아요.
주님의 손길 제게 주소서~
저도 그 손길 받아 치유되고 싶어요.
그 손길 받아 아픈 사람 치유되도록 돕고 싶어요.

주님!
주님의 은총 제게 주실 때 제가 일어납니다.
제가 어떤 것도 욕심을 내지 않도록 도와 주소서.
제가 태어나서 마음껏 응석 부릴 기회도 없었습니다.
하지만 이젠 주님께 응석을 부릴 수 있어서 좋습니다.
기도의 천사들을 보내 주셔서 기도의 응석도 부립니다.
제가 주님께 응석을 부릴 수 있어서 행복합니다.
기도의 응석마저 없다면 저는 살아갈 수 없습니다.

저는 고백해야 하고 끊임없이 주님과 대화해야 합니다.

그 대화로 인해 제가 살고 있음을 고백합니다.

감사합니다. 정말 감사합니다.

하나님 아버지~

제가 아직도 응석 부릴 것이 더 남아 있습니다.

제 영혼이 병들지 않게 하여 주소서.

늘 주님과 호흡하며 살게 해주소서.

늘 주님과 대화하며 살게 해주소서.

아 - 멘

너희를 불러 그의 아들 예수 그리스도 우리 주와 더불어 교제하게 하시는 하나님은 미쁘시도다
(고린도전서 1:9)

만일 우리가 우리 죄를 자백하면 그는 미쁘시고 의로우사 우리 죄를 사하시며 우리를 모든 불의
에서 깨끗하게 하실 것이요 (요한1서 1:9)

내가 환난 중에서 여호와께 아뢰며 나의 하나님께 아뢰었더니 그가 그의 성전에서 내 소리를 들
으심이여 나의 부르짖음이 그의 귀에 들렸도다 (사무엘하 22:7)

주님, 제가 아파요

주님!

저는 눈물이 너무 많아요.

눈물보다 미소를 많이 짓고 사는 제가 되게 하여 주소서

눈치보다 미소를 많이 지으며 순수하게 살게 하여 주소서

아픈 일이 있어도 아픔으로 여기지 않게 하여 주소서

아픔을 딛고 일어나게 해 주소서.

주님은 많이 아프셨지요.

저는 그 아픈 것을 싫어합니다.

저는 그 아픈 것을 너무 힘들어합니다.

저는 그 아픈 것을 보상받고 싶어 쉬고 싶어합니다.

아픔을 어떻게 극복해야 하는지 도와주소서.

아픔을 기도로 극복하고 싶습니다.

아픔을 말씀으로 극복하고 싶습니다.

제가 아프기 때문에 아픈 사람들을 더 이해할 수 있게 하소서.

제가 아프기 때문에 아픈 사람들을 잘 품어주게 하소서.

제가 아프기 때문에 아픈 사람들을 위해 기도하게 하소서.

여호와여 내가 고통 중에 있사오니 내게 은혜를 베푸소서
내가 근심 때문에 눈과 영혼과 몸이 쇠하였나이다 (시편 31:9)

이에 그들이 그들의 고통 때문에 여호와께 부르짖으매
그가 그들의 고통에서 그들을 구원하시되 (시편 107:19)

하늘을 바라보게 하소서

하늘 아버지시여,
저 높은 곳 하늘을 바라보고
살 수만 있게 하여 주소서

하늘의 우산을 쳐 주소서.
하늘의 사랑으로 덮어주소서.
하늘의 별들로 가득 차게 하소서.
제 가슴에 하늘의 소망으로 가득 채워 주소서.

하나님의 보좌가 있는 곳을 바라봅니다.
하나님의 보좌가 흐르는 곳을 사모합니다.
하나님의 보좌에서 흘러내리는 은혜를 바라봅니다.
그 은혜를 날마다 사모하게 하소서.

여호와께서는 그의 성전에 계시고 여호와의 보좌는 하늘에 있음이여 그의 눈이 인생을 통촉하시고 그의 안목이 그들을 감찰하시도다 (시편 11:4)

여호와께서 그의 보좌를 하늘에 세우시고 그의 왕권으로 만유를 다스리시도다 (시편 103:19)

주님, 눈물이 납니다

주님!

눈에서 눈물이 흐릅니다.

코에서 콧물이 흐릅니다.

가슴이 저려 옵니다.

몸이 아픕니다.

주님의 사랑 때문에...

기도로 섬겨주는 분들을 생각하면요...

이젠 제가 할 수 있는 것은

돈을 벌어 돈으로 주는 것이 아니라

영으로 생각하며 영의 일을 나누는 천사가 되고 싶습니다.

하늘에 계시는 아버지 하나님~

어느 곳이든 영으로 좇는 자들의 기도를 들어 주소서

그동안 너무 아파하며 섬겼던 자들에게는

섬김을 받을 수 있게 해 주소서.

아버지께서는 능치 못함이 없으십니다.

아파하는 자들의 기도를 들어주소서.

제 기도도 들어주소서.

이제 저들 때문에 너무 아파하지 않게 하여 주소서

주님, 당신의 보혈의 능력으로 품어주시고

아픔을 덮어 주소서!

약할 때 강함도 주시고

강할 때 약함도 주시는 주님~

저는 주님의 모습을 떠올리며 주님의 품에 안기기를 좋아합니다.

언제든 저를 품어 주시기 위해 기다리고 계시며

제가 눈물 흘릴 때 아파하시며 함께 눈물 흘리시기까지 하십니다.

주님!

지금은 제가 많이 눈물을 흘리지만

이 눈물도 거두어 주실 때가 있을 것이라 믿습니다.

아버지, 나의 아버지!

아시지요?

제가 상처를 더 받더라도 누구에게든

상처를 더 주지 않으려고 하는 것을요.

어릴 적 멋모르고 살았을 때

잘못도 있지만 긍휼을 베풀어 주소서.

그 여자를 돌아보시며 시몬에게 이르시되 이 여자를 보느냐 내가 네 집에 들어올 때 너는 내게 발 씻을 물도 주지 아니하였으되 이 여자는 눈물로 내 발을 적시고 그 머리털로 닦았으며 (누가복음 7:44)

모든 눈물을 그 눈에서 닦아 주시니 다시는 사망이 없고 애통하는 것이나 곡하는 것이나 아픈 것이 다시 있지 아니하리니 처음 것들이 다 지나갔음이러라 (요한계시록 21:4)

주님이시여, 슬픔을 거두어 주소서

주님이시여~
저희들을 불쌍히 여기어 주소서
주님께 향하는 제 마음을 받아주소서.
제 심령 한쪽에서 슬픔의 물이 흐릅니다.

딸이 연주하는 찬양은 힘이 있지 않나요?
젊음의 에너지로 자신 있는 소리,
나름대로 생동감 있어 좋아하는데 주님 어떠신지요?
저는 웃는 얼굴이지만 제 가슴에서는
왜 그리도 애절하게 주님 찾으며 슬퍼하는지요.
슬픔이 저를 두르고 있습니다.
슬픔의 물이 흐르고 있습니다.
이젠 이 슬픔을 그만 거두어 주소서.
세상으로 나가서 저보다 더 슬퍼하는 자에게
위로자가 되게 하소서.
주님의 사랑을 전할 수 있게 해 주소서.

주님! 저는 주님의 딸입니다
이웃들, 좋은 사람도 많이 있습니다.
제가 먼저 웃을 때 그들도 웃을 수 있었습니다.
제게서 슬픔을 이제 거두어 주시되
기쁨으로 항상 충만할 수 있게 하여 주소서.
기쁨이 살아나야 제가 살 수 있습니다.

함께 공감할 수 있는 그릇이 되게 하여 주소서.

주님! 당신은 나의 주님이십니다.
슬픔을 거두어 주소서.
주님이 내려주시는 희락으로 호흡하고 싶습니다.
그럴 때 제 심령이 살아납니다.
제게 빛으로 다가오소서.
그 빛으로 슬픈 그림자를 제거하소서.
그 빛으로 슬픔을 완전히 태우소서.

주님의 손으로 저를 품어 주소서.
주님의 손으로 저를 치료 하소서.
제가 주님의 손에 들려 있을 때 슬픔이 달아납니다.
제게 생명의 빛, 기쁨의 빛으로 회복시키소서.

오 주님, 기쁨이 살아나고 있습니다.
당신이 다가오심으로 인하여 제 속에서
평화가 깃들고 있습니다.
오 할렐루야~
감사합니다.

내가 마음에 큰 눌림과 걱정이 있어 많은 눈물로 너희에게 썼노니 이는 너희로 근심하게 하려 한 것이 아니요 오직 내가 너희를 향하여 넘치는 사랑이 있음을 너희로 알게 하려 함이라 (고린도후서 2:4)

모든 눈물을 그 눈에서 닦아 주시니 다시는 사망이 없고 애통하는 것이나 곡하는 것이나 아픈 것이 다시 있지 아니하리니 처음 것들이 다 지나갔음이러라 (요한계시록 21:4)

Chapter 7
주님의 은혜 사모

제 영이

제 영이 주님을 찬양합니다.

제 영이 주님을 높이고 있습니다.

제 영이 주님을 노래하며 춤을 춥니다.

제 영이 주님과 하나되니 저는 오늘도 살아났습니다.

제 영이 주님의 사랑을 받고 누리길 원합니다.

제 영이 주님과 친밀한 교제 속에서 지내길 원합니다.

제 영이 주님과 하나되어 지내길 원합니다.

제 영이 주님을 기쁘시게 하길 원합니다.

제 영이 주님을 높입니다.

제 영이 주님을 사랑합니다.

제 영이 주님의 인도를 따릅니다.

제 영이 주 안에서 호흡하고 있습니다.

제 영이 주님의 심장에 붙어 있습니다.

제 영이 주님만을 위해 존재합니다.

제 영이 주님의 영광만을 높여드립니다.

무릇 하나님의 영으로 인도함을 받는 사람은 곧 하나님의 아들이라 (로마서 8:14)

그러면 어떻게 할까 내가 영으로 기도하고 또 마음으로 기도하며 내가 영으로 찬송하고 또 마음으로 찬송하리라 (고전 14:15)

천상의 은혜와 그 바람

주님이시여, 천상의 소리를 들으니 행복합니다.

주님이 주시는 행복으로 인하여 슬픔이 줄어들고 있습니다.

하늘의 아버지께서는 어찌 이리도 위대하신지요.

우리로 하여금 예배 받기를 원하시고

우리로 하여금 찬양과 경배 받기를 원하십니다.

아~ 멋지고 위대하신 분, 존귀하신 분, 영광스러우신 분.

하나님 때문에 제게는 소망이 있습니다.

땅의 것이 아닌 하늘의 것들을 보게 됩니다.

하늘에서 내려오는 맑은 세계를 음미하며 살아갑니다.

천성에서 내려오는 맑은 영성을 느끼며 살아갑니다.

하늘보좌 청정 호수에서 불어오는 성령의 바람,

그 바람을 오늘도 사모합니다.

그 바람을 먹고 제 영혼이 삽니다.

그 바람을 먹을 때 고통을 이깁니다.

그 바람을 마실 때 제 영이 춤을 춥니다.

오~ 감사합니다.

오~ 사랑스러우신 성령의 바람이시여,

오~ 신비하신 천성의 바람이시여,

그 바람 속에서 거닐고 싶습니다.

성령의 바람으로 늘 함께 해 주소서.

그룹을 타고 날으심이여 바람 날개 위에 나타나셨도다 (사무엘하 22:11)

홀연히 하늘로부터 급하고 강한 바람 같은 소리가 있어 그들이 앉은 온 집에 가득하며
(사도행전 2:2)

감사의 기도향

하나님께서 제게 주신 은혜가 너무 큽니다.
제게 주신 하늘의 은총은 헤아릴 수가 없습니다.
다 하나님 아버지로부터 내려온 값없는 선물입니다.

아~ 감사합니다.
아~ 이 은혜 놀랍습니다.
아~ 주님 사랑합니다.
당신의 사랑을 깨닫게 해주실 때 눈물이 흐릅니다.
그 눈물이 감사가 되고 찬양이 됩니다.

욕심 때문에 삶이 힘들 때가 많습니다.
욕심 때문에 몸이 아프기도 합니다.
세상의 숱한 욕심들을 물리치고
오직 주의 길을 가게 하여 주소서.
사회의 흐름은 인식하되 사회에 끌려가지 않게 하소서.
문제는 깨닫되 문제에 휘말리지 않게 하소서.

믿는 자도 허우적거리고 믿지 않는 자도 허우적거립니다.
소수의 인원이 모여서 예배를 드려도
기쁨이 충만하고 감사를 드립니다.

꾸준히 전도할 수 있는 힘을 주시고
꾸준히 맡은 사역들을 감당하게 하시고

꾸준히 예배드리며 봉사하게 하셔서 감사드립니다.

호흡하며 일할 수 있음에 감사드립니다.

몸이 약해도 움직일 수 있으니 감사드립니다.

아침을 주시니 감사드립니다.

낮을 주시니 감사드립니다.

밤을 주시니 감사드립니다.

일용할 양식을 주시니 감사드립니다.

복된 만남을 주시니 감사드립니다.

오늘 감사의 향기를 주께 드립니다.

오늘 감사의 예배를 주께 드립니다.

자연 속에서 흘러나오는 산소,

그 산소를 뿜어주시니 감사드립니다.

나무와 숲을 주시니 감사드립니다.

사랑스런 나뭇잎을 주시니 감사드립니다.

이웃을 주시니 감사드립니다.

격려자를 주시니 감사드립니다.

아이들을 보게 해주시니 감사드립니다.

기도의 동역자를 주시니 감사드립니다.

감사로 제사를 드리는 자가 나를 영화롭게 하나니 그의 행위를 옳게 하는 자에게 내가 하나님의 구원을 보이리라 (시편 50:23)

나는 감사하는 목소리로 주께 제사를 드리며 나의 서원을 주께 갚겠나이다 구원은 여호와께 속하였나이다 하니라 (요나 2:9)

생명의 바람

생명의 주님이시여,

당신은 생명의 근원이십니다.

세상의 어두운 것들을 쫓으시는 빛과 생명의 근원이십니다.

고통과 혼란의 바람을 잠잠케 하시는 생명의 바람이 되십니다.

우리를 죄악에서 건져 주시는 주님,

제 영혼이 여호와를 찬양합니다.

마음을 다해 거룩하신 이름을 찬미합니다.

주 여호와를 찬양하는 마음이 피어납니다.

제 입술이 찬양의 입술로 너울너울 춤추며 기뻐합니다.

당신을 구하고, 찾고 의지하니 희락이 꽃핍니다.

세상 삶에 찌들고 억압된 생각에서 해방됩니다.

거기서 해방되니 제 영이 가벼워져 춤을 춥니다.

그리고 주께서 제게 임재하시니

구름처럼 둥실둥실 떠서 날아갈 듯이 기쁩니다.

제 영이 주의 성령의 바람을 타고 날아가고 있습니다.

그들이 그 날 바람이 불 때 동산에 거니시는 여호와 하나님의 소리를 듣고 아담과 그의 아내가 여호와 하나님의 낯을 피하여 동산 나무 사이에 숨은지라 (창세기 3:8)

바람이 임의로 불매 네가 그 소리는 들어도 어디서 와서 어디로 가는지 알지 못하나니 성령으로 난 사람도 다 그러하니라 (요한복음 3:8)

샤론의 꽃 주님

주님께서 만들어놓으신 꽃들이 어찌 이리도 아름다우신지요.
튤립, 백합, 벌개미초, 꽃잔디, 민들레, 양귀비, 백일홍
이 모든 꽃들이 모여 향기롭게 사랑을 나누고 있습니다.
제각기 꽃들도 식물들도 모두 모두 소중합니다.

교회와 각 종 공동체는 많은 사람이 모여 사랑을 나눕니다.
각자의 향기를 가지고 나눕니다.
서로 돕고 섬기며 사랑해야 할 대상들입니다.
사람들은 자신의 코드에 맞는 사람에게
더 관심이 크고 더 이해하며 사랑합니다.
그리하여 아름다운 사랑을 만들어가나 봅니다.
그래서 우린 각자의 향기를 소중이 여기게 되나 봅니다.

주님, 당신은 샤론의 꽃입니다.
이 샤론의 꽃이 제 가슴에 와 닿을 때
저는 그 향기를 가슴으로 받아들입니다.
이 향기는 주님의 향기입니다.
아~ 아름다운 향기 샤론의 꽃,
아~ 아름다운 향기 주님의 사랑이시여,
아~ 세상이 아름다운 꽃으로 만발하네요~

아름다운 소식을 시온에 전하는 자여 너는 높은 산에 오르라 아름다운 소식을 예루살렘에 전하는
자여 너는 힘써 소리를 높이라 두려워하지 말고 소리를 높여 유다의 성읍들에게 이르기를 너희의
하나님을 보라 하라 (이사야 40:9)

돈이 없을 때에도

제 인생의 주인이신 주님이시여,
제가 가진 작은 것으로 나누어주다가
호주머니에 돈 한 푼 없을 때가 있었습니다.
불편함은 있으나 외롭진 않습니다.
주님이 제게 오셨기 때문입니다.
제 마음은 주님으로 인하여 부유합니다.
저를 위해 쓰는 돈은 많이 필요하지 않습니다.
종종 나누려고 하다 보니 있는 것마저 다 써버리기도 합니다.
하지만 당신의 고귀한 뜻을 위해 섬기는 섬김으로 생각하니
쓴 돈이 하나도 아깝지 않습니다.
모든 것이 주께로부터 나왔습니다.

제 모습에 감사의 향기가 흐르는 것은 당신의 은혜 때문입니다.

제게 돈이 없을 때에도 마음은 가난하지 않습니다.

저는 오늘도 당신이 주시는 은혜에 따라

채움을 받고 있으며 맡은 일을 감당하고 있습니다.

하루하루가 주님의 손에 달려 있습니다.

하루하루를 기도로 구하고 기도로 공급받아

살아가는 일이 행복이요 기쁨입니다.

내일 일도 염려하지 않게 하소서.

하나님 아버지께서 제 아버지가 되셔서 늘 가까이 함께 하소서.

우리 주 예수 그리스도의 은혜를 너희가 알거니와 부요하신 이로서 너희를 위하여 가난하게 되심은 그의 가난함으로 말미암아 너희를 부요하게 하려 하심이라 (고린도후서 8:9)

예수께서 떡 다섯 개와 물고기 두 마리를 가지사 하늘을 우러러 축사하시고 떡을 떼어 제자들에게 주어 사람들에게 나누어 주게 하시고 또 물고기 두 마리도 모든 사람에게 나누시매 (마가복음 6:41)

시원한 자연의 소리

하늘 위에서 내리는 빗소리가 들립니다.
시원하게 들립니다.
나무와 부딪히는 소리는·부드럽습니다.
땅과 부딪히는 소리는 더 강합니다.
나무들과 풀들은 비를 좋아하나 봅니다.
비가 내릴 때 춤을 추는 듯이 느껴집니다.

아름다운 자연의 숨소리,
청아한 플룻소리,
비가 내리니 비를 맞는 들풀은 시원해 합니다.
물방울이 포도송이처럼 맺혀 있는 들풀을 보면
제 마음도 촉촉해집니다.
시원한 공기가 제 마음을 적셔줍니다.
하나님께서 자연 속에 내려주신 식물들,
그 녹색 식물들이 제 마음을 시원하게 하고 있습니다.

호수를 바라봅니다.
호수에 떨어지는 빗물과의 마찰이 아름답습니다.
부딪힌 빗물 주변으로 둥글게 파동이 일어납니다.
멀리 퍼져 나가는 모습이 아름답고 사랑스럽습니다.

아름다운 자연의 세상이 제 눈에 들어오지 않을 때에는
쓸 데 없는 근심에 쌓여 있었으나

아름다운 자연을 보면서 살아가니 지금은 천국입니다.
마치 이 땅에서 천국의 아름다움 연장되는 듯이 느껴집니다.

저에겐 천국의 향기가 있습니다.
저에겐 천국의 계곡이 있습니다.
그분이 제 마음에 그려놓으신 정원은 아름답습니다.
그분이 임재하는 그 정원 곳곳에 샘이 흐릅니다.
거기에 생수가 시시때때로 흐릅니다.
감사를 드릴 수밖에 없습니다.

주님 때문에 저는 행복합니다.
주님 때문에 저는 감사합니다.
모든 것이 사랑스럽게 보입니다.
모든 만물들을 쓰다듬고 안아주고 싶습니다.
자연을 이해하고 품고 싶습니다.
감사의 샘이 솟구칩니다.

나의 주 예수 그리스도시여~
신랑되신 나의 구세주시여~
당신의 희생을 통해서 마련된 평화입니다.
당신의 고통을 통해서 예비된 평안입니다.
당신의 사랑을 통해서 느끼는 은혜입니다.
그 충만한 은혜에 늘 감사드리기를 원합니다.

교회는 그의 몸이니 만물 안에서 만물을 충만하게 하시는 이의 충만함이니라 (에베소서 1:23)

또한 그가 만물보다 먼저 계시고 만물이 그 안에 함께 섰느니라 (골로새서 1:17)

주의 영을 흠모합니다!

주님의 성령, 지금 이곳에 임하소서!

나의 영혼이 주를 흠모합니다.

사슴이 시냇물을 갈급하듯이 사모합니다.

나의 영혼이 주를 찬양하길 원합니다.

그 찬양의 향기가 천성으로 흐르길 원합니다.

나의 영혼이 주님을 사랑합니다.

그 어떤 외로움도 이길 수 있도록 사랑합니다.

나의 영혼이 주님의 임재에 들어갈 때 더 잔잔해졌습니다.

시끄럽고 어수선한 곳보다는

고요하고 잔잔한 호수와 같은 이곳에서

주님을 더욱 흠모하고 사모하고 있습니다.

오 주님~ 받으시옵소서.

주님께 경배합니다. 주님을 흠모합니다.

내 영혼이 여호와의 궁정을 사모하여 쇠약함이여 내 마음과 육체가 살아 계시는 하나님께 부르짖나이다 (시편 84:2)

그러므로 너희도 영적인 것을 사모하는 자인즉 교회의 덕을 세우기 위하여 그것이 풍성하기를 구하라 (고린도전서 14:12)

Chapter 8
주님의 사랑 사모

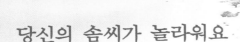

당신의 솜씨가 놀라워요

당신은 놀라운 것을 지으셨습니다.

당신은 물을 만드셨습니다.

당신은 물방울을 만드셨습니다.

그리고 그 물방울을 굴리고 계십니다.

그 물방울이 아름답고 영롱한 빛이 나타납니다.

오~ 이 푸르른 싱싱함,

이슬방울이 사람들의 가슴을 열어 줍니다.

오~ 사랑하고 싶습니다.

쓰다듬어 주고 싶습니다.

만져보고 싶습니다.

하지만 너무 아름다워 물방울만은 그대로 두고 싶습니다.

오~ 이 기쁨은

자연을 통해 주시는 은혜입니다.

주께서는 자연의 푸름을 통해
제 심령을 시원하게 해 주십니다.
'오우~ 사랑스러워요~ 오우~ 감사드려요~'
어찌 이리도 제 심령이 생명의 물방울로 촉촉할까요.
이 생명의 메시지를 사람들에게 들려주고 싶습니다.

아버지 하나님 감사합니다.
영광! 영광 올려 드립니다. 아 멘

하나님이 지으신 그 모든 것을 보시니 보시기에 심히 좋았더라 저녁이 되고 아침이 되니 이는 여
섯째 날이니라 (창세기 1:31)

하나님의 동산의 백향목이 능히 그를 가리지 못하며 잣나무가 그 굵은 가지만 못하며 단풍나무가
그 가는 가지만 못하며 하나님의 동산의 어떤 나무도 그 아름다운 모양과 같지 못하였도다 (에스
겔 31:8)

첫 날에는 너희가 아름다운 나무 실과와 종려나무 가지와 무성한 나무 가지와 시내 버들을 취하
여 너희의 하나님 여호와 앞에서 이레 동안 즐거워할 것이라 (레위기 23:40)

아버지 나의 아버지~

아버지 나의 아버지~
감사합니다.
당신의 이름을 높이고 당신을 찬양해 드렸습니다.
제게 주님의 성령이 임하니
가슴이 떨리고 손이 떨리고 다리가 떨렸습니다.

아버지 나의 아버지~
부르짖는 제 입술이 아버지 당신께 달려 갈 때
제가 넘어지고 넘어져도
오뚝이처럼 일어나고 또 일어납니다.
떨려오는 이 심장, 오금이 저려오는 육체가 고통스럽습니다.

아버지 나의 아버지~
불러도 또 불러 드리고 싶은 이 마음...
아버지 받아 주소서.
나의 생명, 나의 구원 나의 삶 아버지의 것입니다.

아버지 나의 아버지~
오! 아버지시여~
하늘 아버지 때문에 제가 진정한 사랑을 알게 되었습니다.
마주치지 않는 것 때문에 괴로워하고 아파하고
나 자신을 아프게 하는 삶은 접을 줄도 알아야겠다고
  느꼈습니다.

아버지 나의 아버지~

아버지의 이름을 높여 드립니다.

주께 영광! 주께 감사!

여호와 하나님께 송축하나이다.

사랑, 내 사랑, 하늘 아버지를 향한 나의 고백입니다.

"사랑하나이다."

아버지여, 아버지께서 내 안에, 내가 아버지 안에 있는 것 같이 그들도 다 하나가 되어 우리 안에 있게 하사 세상으로 아버지께서 나를 보내신 것을 믿게 하옵소서 (요한복음 17:21)

너희가 아들이므로 하나님이 그 아들의 영을 우리 마음 가운데 보내사 아빠 아버지라 부르게 하셨느니라 (갈라디아서 4:6)

너희는 다시 무서워하는 종의 영을 받지 아니하고 양자의 영을 받았으므로 우리가 아빠 아버지라고 부르짖느니라 (로마서 8:15)

자연이 아름다워요!

사랑의 주님,
돌 사이에서 물이 흐릅니다. 졸졸졸...
들풀 줄기 하나가 길게 넘겨져 이쪽으로 뻗고 있습니다.
'우와~'
감탄을 느낍니다.
물소리와 푸르른 초원,
서로 부드럽고 촘촘하게 연결된 자연스런 풍경,
저도 이 풍경과 조화가 되고 싶습니다.
주께서 만들어놓으신 만물이 너무나 사랑스럽고 신비합니다.
자연 속에 만들어놓으신 당신의 섬세한 손길, 감탄할 뿐입니다.
하나님의 사랑과 능력이 그곳에 새겨져 있습니다.
하나님의 영원하신 사랑이 만물 속에서 보입니다.
유난히 눈이 가는 곳이 있습니다.
나무들과 바람과 물소리, 새소리에요.
위대한 하나님의 사랑을 담고 있는 피조 세계입니다.

저를 사랑해 주는 고마운 하나님의 사랑
자연과 벗하고,
새소리와 벗하고,
물소리와 벗하고,
바람소리와 벗하며 이야기하는 순간
제 속에서 사랑의 불씨가 또 일고 있습니다.
사랑, 사랑, 사랑, 예수님의 사랑입니다.

그리고 제게서 일어나는 사랑의 삶

사랑하는 이들에게, 아픈 자들에게

따뜻한 사랑을 전하고 나누고 싶어집니다.

사랑, 사랑, 사랑, 나의 예수님~

사랑의 전도자 사랑의 승리자 되게 하여 주소서.

강이 에덴에서 흘러 나와 동산을 적시고 거기서부터 갈라져 네 근원이 되었으니 (창세기 2:10)

사랑아 네가 어찌 그리 아름다운지, 어찌 그리 화창한지 즐겁게 하는구나 (아가 7:6)

당신은 신비롭습니다!

주님~ 당신은 신비롭습니다.
당신께서는 참으로 위대하시고 신비로우십니다.
자기 백성들을 이끌어 홍해를 건너게 하셨습니다.

주님~ 당신은 신비롭습니다.
당신의 신비로운 영성에 감탄을 합니다.
제가 좀더 신선한 영성으로 살아가기를 원합니다.

주님~ 당신은 신비롭습니다.
아버지의 크고 멋진 사랑은 헤아릴 수 없습니다.
제가 아버지의 뜻과 마음을 좀 더 알아가고 싶습니다.

주님~ 당신은 신비롭습니다.
하늘의 무수한 별들을 지으시고
땅의 무수한 자기 백성들을 두셨나이다.

주님~ 당신은 신비롭습니다.

인자하신 성품을 지니신 아버지의 사랑과 능력이 신비롭습니다.
아버지의 사랑과 능력을 바라봅니다.
아버지 곁으로 좀 더 가까이 다가가게 해 주소서.
아버지의 손이 제게 더 내밀어 주소서.
그럴 때 저는 더 가까이 갈 수 있습니다.

주님~ 당신은 신비롭습니다.
아버지와의 친밀한 교제가 신비롭습니다.
저도 그 교제를 배우고 싶습니다.
저도 은밀한 교제를 즐기고 싶습니다.
주님과 교통하는 시간이 제게는 제일 행복합니다.

오! 주님~ 당신은 신비롭습니다.
당신의 사랑이 크고 아름답습니다.
당신의 능력이 크고 놀랍습니다.
당신의 권세가 높고 높습니다.
당신의 지혜가 무궁합니다.
당신의 사랑이 하늘보자기처럼 끝없이 펼쳐져 있습니다.
사랑합니다. 의지합니다.
아- 멘

나의 복음과 예수 그리스도를 전파함은 영세 전부터 감추어졌다가 이제는 나타내신 바 되었으며 영원하신 하나님의 명을 따라 선지자들의 글로 말미암아 모든 민족이 믿어 순종하게 하시려고 알게 하신 바 그 신비의 계시를 따라 된 것이니 이 복음으로 너희를 능히 견고하게 하실 지혜로우신 하나님께 예수 그리스도로 말미암아 영광이 세세무궁하도록 있을지어다 아멘 (로마서 16:24-26)

내가 주께 감사하옴은 나를 지으심이 심히 기묘하심이라 주께서 하시는 일이 기이함을 내 영혼이 잘 아나이다 (시편 139:14)

제 눈을 당신에게 맞춥니다!

너희가 하나님의 성전인 것과 하나님의 성령이
너희 안에 거하시는 것을 알지 못하느뇨(고전3:16)

하늘에 계신 아버지 하나님!
제가 연약할 때 의지할 곳 찾습니다.
제가 방황하며 마음이 흔들릴 때 자연을 찾습니다.
말씀을 대하며 성령의 하나님과 교통합니다.
몸이 아플까 염려될 때 주님 당신을 찾습니다.
욕심에 휘둘리지 않으려고
엉뚱한 생각에 집착하지 않으려고
제 몸과 영이 주님 당신을 향합니다.
제 눈과 귀와 입을 주님께 맞춥니다.
오직 주님을 의지하고 바라봅니다.

주님을 바라볼수록 평화가 임합니다.
주님에게 눈을 맞출수록 행복합니다.
주님의 나라는 평화의 나라입니다.
주님의 나라는 희락의 나라입니다.
제 영혼이 주님의 은혜를 사모합니다.
그 은혜를 잠잠히 기다립니다.
제가 거기에 눈을 맞추렵니다.
제가 성산에 눈을 두렵니다.
제 허물을 고백하며 십자가를 바라봅니다.

제 약함을 고백하며 십자가를 바라봅니다.
제 고통을 고백하며 십자가를 바라봅니다.
제 모든 것이 주님께 고정되고 집중될 때
두려움이 물러납니다.
비로소 아버지의 품에 들어갑니다.
그곳은 하늘의 지성소입니다.
그곳은 샘이 흐르고 있습니다.
거기에서 흘러오는 은혜는 제 눈물을 젖게 합니다.
거기에서 흘러오는 희락은 제 심령을 행복하게 합니다.
제 눈이 언제나 당신을 향하게 하소서.
제 몸을 언제나 당신을 향하게 하소서.
제 심령이 언제나 주님을 향하게 하소서.
제 영혼이 언제나 주님을 향하게 하소서.
주님께 맞추어 살아갈 때 제 영이 삽니다.
언제나 주님께 고정되어 살아가렵니다.

내가 주의 권능과 영광을 보기 위하여 이와 같이 성소에서 주를 바라보았나이다 (시편 63:2)

그들이 주를 앙망하고 광채를 내었으니 그들의 얼굴은 부끄럽지 아니하리로다 (시편 34:5)

하늘나라의 전경

새들이 노래해요.
지저귀며 인사해주고 있어요.
하늘은 천국같이 아름다운 정경이 펼쳐지고 있습니다.
아~ 하늘 , 아버지 계신 그곳...
구름타고 오실 주님,
하늘나라의 전경이 얼마나 아름다울까요.

주님, 그 소망으로 가득 채워주소서.
천국가면 눈으로 주님 뵐 수 있을 것 같아 기뻐요.
천국가면 주님, 천사, 믿음의 사람들을
만날 수 있을 것 같아 기뻐요.
주님, 그 천국에 소망을 두게 하소서.
이 땅에 발을 딛고 살면서도 또 갈 곳이 있으니 감사해요.
하늘이 있으니 땅의 것에 집착하지 않게 하소서.
사람을 너무 의지하려는 마음도 내려놓게 하소서.
좀 외롭게 보이더라도 주님과 거니는 것을 즐거워하게 하소서.

주님과 함께 할 때 가장 행복하옵니다.

사람들은 저마다 생각을 다르게 가지고 있어요.

다른 생각들의 입장을 내세우면서 종종 충돌해요.

실수를 많이 해요.

다르다는 것을 인정하지 못하는 것 때문에 더 내세우기도 해요.

땅의 것에 욕심내며 주님의 나라보다 더 원할 때 그럴까요.

땅에 것 때문에 가까운 사람들끼리도 거리가 있어요.

그러한 욕심들을 완전히 내려놓게 하소서.

주님, 저희들은 욕심 때문에 스스로를 아름답게 만들 수 없어요.

주님께서 아름답게 만들어 주소서.

주님이 빚으실 때 아파도 잘 수용하고 수종들게 하소서.

주님의 뜻 안에서 꿈을 펼쳐가게 해 주소서.

저 하늘에 소망을 두고 승리하게 해 주소서.

우리는 그의 약속대로 의가 있는 곳인 새 하늘과 새 땅을 바라보도다 (베드로후서 3:13)

또 내가 보매 거룩한 성 새 예루살렘이 하나님께로부터 하늘에서 내려오니 그 준비한 것이 신부가 남편을 위하여 단장한 것 같더라 (요한계시록 21:2)

주님과 함께 걷습니다

하늘 아버지와 교통하니 행복해요.
거실 창으로 들리는 저 달리는 자동차들은
제각기 목적지를 향해 달립니다.
그들의 사정은 모릅니다.
세상에는 삶의 방향을 모르는 이들이 많습니다.
제게 삶의 목적지를 알려주신 주님께 감사드립니다.
주님의 곁에 갈 것을 생각하니 사랑과 소망으로 넘쳐납니다.

사람들은 제각기 짐들을 한아름 안고 살아갑니다.
그들에게 사랑으로 다가와 주소서.
그 영혼들을 사랑으로 안아 줄 때
감사가 폭포수처럼 터져 나옵니다.

주님과 함께 아름다운 길을 걷습니다.
주님과 함께 아름다운 하늘을 바라보고 있습니다.
뭉개구름이 보입니다.
저 구름을 보면 그 옛날 믿음의 선조들이
구름타고 오실 주님을 고대하였지요.
구름이 푸른 하늘, 해맑은 하늘, 넓은 하늘 위로 다니듯이
저는 주님의 넓은 품에 쌓여서 지내고 싶어요.
구름이 바람을 따라 흐르듯이
저는 주님을 따라 흐르길 원해요.
주님이 변화산으로 가면 거기로 올라가고 싶어요.

주님이 기도하시면 저도 그 곁에서 기도하고 싶어요.

주님과 함께 하는 일, 이보다 좋은 일은 없어요.

아~ 좋아요, 아~ 행복해요, 아~ 감사해요.

영광, 영광, 하나님께 영광을 돌려드려요.

에녹이 하나님과 동행하더니 하나님이 그를 데려가시므로 세상에 있지 아니하였더라 (창세기 5:24)

예수는 하늘로 가심을 본 그대로 오시리라 (사도행전 1:11)

Chapter 9
주님의 능력 사모

주님이 함께 하시는 것

주님과의 삶을 깨닫고 나면
세상의 것들은 무가치하게 다가오니
욕심 낼 것도 없고 마음도 행동도 달라집니다.
그럼에도 오늘 맡겨진 일을 해야 하고 숨을 쉬며
주님 품에 기대어 사랑받고 위로 받으니
세상의 그 어떤 것과 밀착하려고 몸부림치지 않습니다.

그저 이런 고백이 흘러나옵니다.
수많은 세월, 시간이 우리를 찾아 주었고 찾았지만
솔로몬의 고백처럼 헛되고 헛되고 헛될지라도
본인들이 해보고 싶은 것까지도 기도드리면
응답을 주시든 안주시든 저는 그저 감사하렵니다.
응답을 안 주실 땐 제게 필요치 않다는 것으로 받아드리겠습니다.
그러니, 저는 주님이 함께 하시는 것 자체를
최고의 기쁨으로 여기며 이 기쁨으로 살아갑니다.
충만한 하루, 할렐루야!

고운 것도 거짓되고 아름다운 것도 헛되나 오직 여호와를 경외하는 여자는 칭찬을 받을 것이라
(잠언 31:30)

전도자가 이르되 헛되고 헛되며 헛되고 헛되니 모든 것이 헛되도다 (전도서 1:2)

흔들리지 않게 하소서

사랑하는 주님,

저도 모르게 종종 이상한 생각이 꿈틀거립니다.

제 삶과 사역들에 의해서 흔들리기도 합니다.

하지만 제가 기도할 때 언제나 평강으로 채워주소서.

말씀이 저를 붙들게 하소서.

세상의 거센 풍파에 휘둘리지 않게 하소서.

당신의 말씀으로 평강을 느끼게 하소서.

제 안에 성령이 저를 지배해 주소서.

성령께서 저를 움직이시면 저는 흔들리지 않습니다.

제 안에 성령으로 충만하게 하소서.

성령님과 함께 걸어가길 원합니다.

성령님과 함께 생각하길 원합니다.

성령님과 함께 순례자의 길을 걷기를 원합니다.

성령님이 제게 임하실 때 제 영이 주를 찬양합니다.

제가 주님을 사랑합니다.

제가 영으로 기도하고 영으로 찬양합니다.

세상과 논쟁하지 않고

늘 영으로 주님과 교제하게 하소서.

오직 그만이 나의 반석이시요 나의 구원이시요 나의 요새이시니 내가 흔들리지 아니하리로다 (시편 62:6)

믿음이 없어 하나님의 약속을 의심하지 않고 믿음으로 견고하여져서 하나님께 영광을 돌리며 (로마서 4:20)

치유의 문 열어주소서

사랑하는 주님이시여,

날마다 치유의 문을 열어주소서.

날마다 은혜의 문을 열어 주소서.

내 영이 주님을 찬양하여 드리고 흠모할 때

제 몸도 가벼워졌습니다.

제 몸도 영혼도 주님의 것입니다.

주님 품에 안길 때 제 몸은 치료가 됩니다.

그 어느 것에도 집착하면 저는 아픕니다.

주님~

저는 가벼워져야 합니다.

주님~

저는 욕심 같은 게 없어야 합니다.

주님~

저는 생각도 가벼워져야 합니다.

주님~

저는 살아 숨을 쉬고 있지만 제 영혼은 저 하늘에 있습니다.

주님~

머리가 아플 때 세상 사람들과 멀어지고 싶어합니다.

제 몸은 누구도 치료해 주지 못해요.

오직 주님만이 치료해 주실 뿐입니다.

제 생명이 주께 있습니다.

제 모든 것이 주께 달렸습니다.

오늘, 하루 영육간 아프지 않도록 저를 지켜주소서

다른 사람들도 영육간 아프지 않도록 저들을 지켜 주소서

제 심장이 아파해서 괴롭습니다.

주님, 저는 주님을 진심으로 사랑하고 의지합니다.

제 연약을 치유하소서.

오! 할렐루야~

아 ― 멘

주여 사람이 사는 것이 이에 있고 내 심령의 생명도 온전히 거기에 있사오니 원하건대 나를 치료하시며 나를 살려 주옵소서 (이사야 38:16)

내 이름을 경외하는 너희에게는 공의로운 해가 떠올라서 치료하는 광선을 비추리니 너희가 나가서 외양간에서 나온 송아지 같이 뛰리라 (말라기 4:2)

저를 써 주소서!

주님, 저를 써 주소서
주님, 제 가슴에서 끓고 있는 것이 무엇입니까?
분명 무언가 끓고는 있는데...

주님! 저를 써 주소서~
주님을 사모하고 열망하는 마음은 이루 말할 수 없이 크옵니다.
가슴이 아파오리만큼 큽니다.

주님, 제 뜻대로 가지 않으려고 주님께 매달립니다.
주님, 들어 주소서, 제 기도를 들어 주소서.
주님, 제 열망을 들어 주소서.
주님, 답답해하는 제 자신이 어떻게 쓰임 받게 하시려고
저를 이렇게도 아프게 하시는가요?
주님, 사람들과 신경전 벌일 시간도 없기에
오직 주의 사랑에 매여 오직 주님께 찬양합니다.
소망의 언덕, 주님께 있사오니 주님께 찬양합니다.
주님, 저를 써 주소서. 저는 당신의 것입니다.
받아 주소서, 받아 주소서,
아一멘

그 나머지 은금은 너와 너의 형제가 좋게 여기는 일에 너희 하나님의 뜻을 따라 쓸지며 (에스라
7:18)

여호와께서 임하여 서서 전과 같이 사무엘아 사무엘아 부르시는지라 사무엘이 이르되 말씀하옵
소서 주의 종이 듣겠나이다 하니 (사무엘상 3:10)

제 고통을 치유하소서!

사랑하는 나의 아버지~ 제게도 끓고 있는 게 있습니다.

가끔, 자주 끓는 듯한 제 심장에

아버지의 사랑이 임할 때 저는 살아납니다.

제게 괴로움과 외로움, 쓸쓸함 같은 것이 있습니다.

그 고통들을 거두어 주시고

밝고 맑고 따뜻한 은혜를 내려 주소서.

슬픔에서 해방시켜 주소서.

외로움에서 해방시켜 주소서.

가슴속에 들어 있는 상처에서 해방시켜 주소서.

질병의 연약함 속에서 해방시켜 주소서.

당신의 심장으로 제 심장을 고쳐주소서.

당신의 심령으로 제 심령을 고쳐주소서.

당신의 눈으로 제 아픈 눈을 고쳐주소서.

당신의 관절로 제 아픈 관절을 고쳐주소서.

제 심장은 시시때때로 요동칩니다.

고통이 종종 찾아옵니다.

폭풍처럼 갑자기 찾아올 때 빠르게 어루만져 주소서.

폭풍처럼 갑자기 다가오는 눈물들을 치료하소서.

다윗처럼 제 눈물을 주의 병에 담으리이다.

그리하면 네 빛이 새벽 같이 비칠 것이며 네 치유가 급속할 것이며 네 공의가 네 앞에 행하고 여호와의 영광이 네 뒤에 호위하리니 (이사야 58:8)

아브라함이 하나님께 기도하매 하나님이 아비멜렉과 그의 아내와 여종을 치료하사 출산하게 하셨으니 (창세기 20:17)

연약함을 이해해 주시는 하나님

아버지의 사랑은 크고 신비합니다.

사람들의 죄를 보시고도 참고 기다려 주십니다.

회개하고 돌아오길 기다리고 계시는 사랑의 아버지입니다.

사람들은 축복을 원하나 하나님을 원하지 않아요.

축복을 원하면서 하나님을 참된 주로 신뢰하지도 않아요.

기다림도 부족해요.

하나님의 법을 잘 어겨요.

복음을 잘 받아들이지도 못해요.

무능한 모습, 죄인의 모습으로 살아가요.

그럼에도 불구하고 하나님께서는 긍휼을 가지고 기다리시지요.

때론 눈을 감아주는 듯이 보여요.

하지만 애타게 기다리시는 아버지이십니다.

어린아이처럼 욕심을 부리고 다투는 모습을 보면서도

성숙하기를 기다리고 계시지요.

오~ 주님이시여,

당신은 위대하신 분, 존귀하신 분, 멋지신 분,

알아도 모르는 척 잠시 눈감고 기다려 주시는 분,

회개하고 돌아오길 인내로 기다리는 분이십니다.

어리석은 저희들은 중요하지도 않은 일에 논쟁하며 집착해요.

주께서 눈감아 주실 때 저희들이 정신을 차리게 해 주소서.

주께서 인내하실 때 당신의 말씀에 수종들게 하소서.

주께서 참고 계실 때 저희들이 십자가 앞에 돌아오게 하소서.

허물과 죄를 주님 앞에 고백하게 하소서.

저희들의 죄를 용서하여 주소서.

어두움을 벗어버리고 빛으로 향하게 하소서.

여호와여 나의 종말과 연한이 언제까지인지 알게 하사 내가 나의 연약함을 알게 하소서 (시편 39:4)

우리가 아직 연약할 때에 기약대로 그리스도께서 경건하지 않은 자를 위하여 죽으셨도다
(로마서 5:6)

주님, 함께 십자가를 지고 싶습니다

자비하신 나의 주 그리스도시여~

당신은 위대하신 분입니다.

당신은 그 무거운 십자가를 지셨습니다.

인류의 모든 죄짐을 짊어지고 가셨습니다.

가장 고통스러운 십자가를 지고 가셨습니다.

저를 사랑해 주시고

지금까지 제 마음에서 한 번도 떠나가지 않으셨습니다.

당신은 저의 신랑이십니다.

저에게 주신 십자가 가족의 짐도 잘 지고 가게 하소서.

제게 주어진 사명들을 위해 그 십자가 잘 지고 가게 하소서.

미소를 지으면서 골고다 언덕까지 올라가렵니다.

제게 맡겨주신 일터, 어린아이들, 그 가정과 영혼까지

위해 늘 기도하게 하소서.

제게 주어진 십자가 잘 지고 가게 하소서.

십자가를 지는 일이 어렵고 힘들지만

주님께서 맡기신 일이라면 그냥 벗어버리지 않게 하시고

기꺼이 지고 가게 하소서.

미소를 지으며 짊어지고 가게 하소서.

그 짐들이 너무 무거워 외롭고 쓰러지려 할 때에는

주님께서 대신 져 주시고 이끌어 주실 줄 믿습니다.

한순간도 주님 없이는 살 수 없습니다.

당신은 제게 생명의 은인이십니다.

하늘나라를 사모하며 경험할 수 있는 은혜를 주셔서 감사합니다.

세상의 시련들을 이겨내고

오늘도 저 높은 하늘나라, 천성을 바라보고 주님을 따라갑니다.

주님과 함께 가는 이 십자가의 길이 진정 행복합니다.

감사합니다. 사랑합니다. 아 - 멘

무리와 제자들을 불러 이르시되 누구든지 나를 따라오려거든 자기를 부인하고 자기 십자가를 지고 나를 따를 것이니라 (마가복음 8:34)

그러나 내게는 우리 주 예수 그리스도의 십자가 외에 결코 자랑할 것이 없으니 그리스도로 말미암아 세상이 나를 대하여 십자가에 못 박히고 내가 또한 세상을 대하여 그러하니라 (갈라디아서 6:14)

Chapter 10
주님의 음성 사모

주님이시여, 더 비우게 하소서!

사랑의 주님,
주님으로 만족케 하시고 더 비워지게 하소서.
더 낮아지고 더 비울 수 있게 하소서.

주님께서 말씀하셨습니다.
"수고하고 무거운 짐진 자들아 다 내게로 오라.
내가 너희를 쉬게 하리라."
주님께 나아가면 세상의 무거운 짐들은 비워집니다.
주님께 나아가면 세상의 것들은 점점 보이지 않습니다.
주님께 나아가면 제 심령이 가난해집니다.
주님께 나아가면 제 영혼이 춤을 추며 살아납니다.
주님께 나아가면 제 마음이 더 낮아집니다.
오늘도 주님의 은혜 나누는 것이 행복입니다.

하늘을 나는 새들은 가볍습니다.
날개를 저으며 들로, 산으로, 먼 바다로 활공합니다.
저 새들처럼 가벼워지면 좋겠습니다.
그 새들은 세상의 무거운 것들을 붙들지 않기 때문입니다.

하나님을 바라보며 주의 날개에 달려 살고 싶습니다.
주님 안에서 꿈을 향해 날며 기뻐하고 싶습니다.

가벼운 새는 가볍게 지저귑니다.

천성의 새들은 얼마나 아름다울까요.
천사의 목소리는 얼마나 아름다울까요.
주님의 음성은 얼마나 아름다울까요.
그 음성을 듣는 귀를 가지고 싶습니다.

하나님 아버지.
더욱 가난한 심령이 되고 싶어요.
더욱 가벼워지고 싶어요.
소유물로 인하여 욕심부리지 않게 하소서.

심령이 가난한 자는 복이 있나니 천국이 저희 것임이요 (마태복음 5:3)

저는 자들과 소경을 청하라 그리하면 저희가 갚을 것이 없는 고로 네게 복이 되리니... (누가복음
13:13-14)

생명의 소리, 기쁨의 소리

나는 자연의 소리를 좋아합니다.

빗소리를 좋아합니다.

바람소리를 좋아합니다.

그러한 소리를 더 세밀하게 듣고 싶어합니다.

그러한 소리가 내 가슴에 사랑스레 다가오곤 합니다.

가까이 가서 더 귀 기울여 보고픈 마음입니다.

나는 명언도 쓸 수 없고

멋진 문장도 적어 낼 수 없지만

자연 속에서 흘러나오는 소리에 귀를 기울이고 싶습니다.

천성의 보좌에서 흘러나오는 소리에 귀를 기울이고 싶습니다.

그 소리에 귀 기울여 흠뻑 빠질 때엔

어느 덧 사랑과 평화가 흐릅니다.

기쁨의 샘이 흐르게 됩니다.

그 기쁨은 제가 머무는 공간에서도 흐릅니다.

제가 머무는 자리만 아니라 제가 움직이는 곳으로

함께 그 기쁨이 흘러 따라옵니다.

그 기쁨이 제 내면에서 흐르면서

기쁨의 통로, 평화의 통호, 축복의 통로가 되길 기도드립니다.

내가 이것을 너희에게 이름은 내 기쁨이 너희 안에 있어
너희 기쁨을 충만하게 하려 함이라 (요한복음 15:11)

제자들은 기쁨과 성령이 충만하니라 (사도행전 13:52)

주님, 쫓기지 않게 하소서

주님이 제 곁에 다가와 감싸 주소서.

그래야만 제가 쫓기지 않습니다.

그 무언가에 쫓기지 않게 하여 주소서.

언제나 주님께 집중하게 하시고

주님께 고정되어 차근차근 인도받게 하소서.

한 걸음씩 천천히 인도받고 싶습니다.

제 가슴에 세상의 것들로 인하여 동요가 일어나지 않게 하소서.

세상 사람들에게 휘둘리지 않게 하소서.

일이 나를 휘두르지 못하도록 인도하소서.

언제나 세상으로 인해 영향받기보다

주님으로 인하여 영향받고 지배받게 하소서.

노하기를 더디 하는 자는 크게 명철하여도 마음이 조급한 자는 어리석음을 나타내느니라 (잠언 14:29)

너는 하나님 앞에서 함부로 입을 열지 말며 급한 마음으로 말을 내지 말라 하나님은 하늘에 계시고 너는 땅에 있음이니라 그런즉 마땅히 말을 적게 할 것이라 (전도서 5:2)

경청의 은혜를 주소서

사랑하는 주님!
새소리가 "짹짹짹~" 노래합니다.
귓전에서 잘 들려옵니다.
하늘과 산등성이에서 바람소리가 들려옵니다.
새와 나무들이 춤을 추며 노래하는 소리가 들려옵니다.
물소리가 들려옵니다.

들꽃들이 산들바람을 타고 춤을 춥니다.

자연의 소리는 아름답습니다.

마음도 눈도 향하게 하십니다.

사랑하는 주님!

자연의 소리도 아름답지만

그보다 더 위대하신 주님의 소리를 듣고 싶습니다.

주님의 말씀에 경청하고 싶습니다.

하늘의 소리에 귀를 기울이고 싶습니다.

욕심으로 아우성거리는 세상 사람들의 소리보다

주님의 음성을 듣기를 사모합니다.

먼저 주님의 말씀에 경청하고

그리고 아픈 사람들의 소리에 경청하게 하소서.

어려운 사람들의 소리에 경청하게 하소서.

작은 힘을 가지고 그들의 짐을 함께 들어주게 하소서.

끊임없는 논쟁보다 진리의 소리에 귀를 기울이게 하소서.

사람의 목소리를 높이기보다 주님의 음성에 잘 경청하게 하소서.

죄와 어두움으로 이끄는 소리는 피하게 하시고

사랑과 의의 길로 이끄는 소리에는 화답하게 하소서.

눈물로 살아가는 이들의 소리에 경청하게 하시고,

연약한 사람들의 소리에 경청하게 하소서.

무엇보다도 당신의 진리의 음성에는 가장 먼저 경청하게 하소서.

사람의 귀를 여시고 인치듯 교훈하시나니 (욥기 33:16)

훈계에 착심하며 지식의 말씀에 귀를 기울이라 (잠언 23:12)

주님의 뜻을 좇는 용기와 은혜를 주소서

주님,
저는 주님 뜻대로 살겠다고 고백 드리고
어느 땐 제 뜻대로 살고 싶어 몸부림치기도 합니다.
막상 제 뜻대로 살려고 하면 걸리는 것도 많고 어렵습니다.
제가 주님의 뜻을 좇아 나아가길 원합니다.
주님의 뜻을 따라 가는 길에 용기를 주소서.

주님,
제 삶은 지금까지 습하고 우울했습니다.
이젠 좀더 기쁘고 생동감이 있는 삶으로 나아가고 싶습니다.
제가 행복한 모습들을 주변 사람들에게 보여주고 싶습니다.
그분들과 기쁘고 즐겁게 살고 싶습니다.
그런데 잘 안될 때가 있어 고민입니다.
상대에게 불편을 주는 것 같고
제가 잘 돕지를 못하는 것 같습니다.

주님,
제겐 말씀을 들을 수 있는 귀와
찬양을 연주할 수 있는 손과
제게 찾아오는 이들을 섬길 수 있는 마음을 주시니 감사합니다.
그리스도의 이름으로 섬기고 사랑하려는 마음,
이 외에는 아무것도 없습니다.
주님과 대화하고 주님의 품에 안겨 있는 시간들이

그냥 복되고 행복하게 느껴집니다.

주님께서 제게 주신 사랑을 나눠주고 싶습니다.
그들의 어려운 고통들을 다 들어주진 못해도
그들과 대화하며 작은 것들을 나누며 살고 싶습니다.
그들의 애타는 갈증을 주께서 채워주소서.
그들의 목마름을 주님께서 생수로 채워주소서.
저는 그들을 위해 기도하겠습니다.

주님 당신을 사랑합니다.
이 사랑의 마음이 식지 않게 해 주소서.
나의 영원하신 구주시여~
제 영이 주를 사랑할 때 신바람이 납니다.
주의 영으로 충만할 때 풍성함을 느낍니다.
그 풍성한 은혜로 오늘도 호흡합니다.
그 은혜를 매일매일 내려주소서.

너희에게 인내가 필요함은 너희가 하나님의 뜻을 행한 후에 약속하신 것을 받기 위함이라 (히브리서 10:36)

다윗은 당시에 하나님의 뜻을 따라 섬기다가 잠들어 그 조상들과 함께 묻혀 썩음을 당하였으되 (사도행전 13:36)

주님, 정숙을 배우게 하소서

사랑의 아버지 하나님 ~ 저는 아직도 부족합니다.
사랑으로 이해하고 허물도 덮어주는 정숙한 여인이 되려고
노력하지만 감정적 슬픔이 몰려오는 것을 보면
완전한 사람은 될 수 없는 피조물인가 봅니다.

오! 주님
저는 가족이든, 친구든, 선배든, 교사든, 이웃이든
언제나 미움이 없이 살고 싶습니다.
그들의 부족을 볼 때에도 제 부족을 보면서 잘 덮어주게 하소서.
서운한 마음보다 기도해 주는 마음으로 일으켜주소서.
혹시 제가 억울하게 아픔을 당할 때에도
제 자신을 너무 마음 아파하지 않도록 인도하소서.
그동안 서운해 하며 애통해 하는 것도 많았는데
이제 주님, 저를 힘들게 했던 사람들도 불쌍히 여기소서.
저들도 주변 사람들을 선하게 대하게 하소서.
제 마음에 선하고, 푸르고, 샘솟고, 활기차고, 희망차게
전진해 나가렵니다.

여자들도 이와 같이 정숙하고 모함하지 아니하며 절제하며 모든 일에 충성된 자라야 할지니라
(디모데전서 3:11)

그러나 여자들이 만일 정숙함으로써 믿음과 사랑과 거룩함에 거하면 그의 해산함으로 구원을 얻
으리라 (디모데전서 2:15)

레위 사람들도 모든 백성을 정숙하게 하여 이르기를 오늘은 성일이니 마땅히 조용하고 근심하지
말라 하니 (느헤미야 8:11)

부 록

조국과 세계선교를 위한 기도

이곳은 이 땅의 조국과 세계 영혼들을 향한
제(홍일권) 작은 열망의 기도를 담았습니다.

- 조국을 위한 기도
- 탈북자들을 위한 기도
- 북한을 위한 기도
- 한국교회를 위한 기도
- 해외 교회와 교포들을 위한 기도
- 세계 선교사들과 세계를 위한 기도

조국을 위한 기도

주님이시여,
이 땅의 조국을 선물로 주심에 감사드립니다.
더욱이 진리의 복음과 자유를 주셔서
예배와 찬양을 하게 하시니 감사드립니다.
조국에 암흑이 깃들 때 조국을 부둥켜안고 주께 나아가게 하소서.

다니엘처럼 조국을 사랑하며
하루에 세 번씩 창문을 열어놓고 조국을 위해
기도했던 다니엘의 심장을 저희들에게도 주소서.

나라의 암울한 현실 속에서 절망하기보다
강력한 진리의 빛을 이 땅에 비추게 하소서.
약한 자들이 위로를 얻게 하시고
정직과 공의를 행하는 자들을 위로하소서.

북한의 핵 위협으로부터 조국을 보호해 주시고
사탄의 어두운 문화의 유혹으로부터 조국을 보호해 주소서.

동성애와 가정파괴, 자살과 폭력, 도박과 게임중독 등
수많은 어둠 문화가 확산되는 이 땅을 진리로 정화하여 주시고
의와 거룩, 진리의 말씀 문화로 정복되게 해 주소서.

세상의 조롱거리가 아닌,

세상의 진정한 빛과 소금의 역할을
감당하는 하나님의 사람들로 세워주시고
방황하는 세대를 일깨우며 세계 민족 위에
복음의 도구로 쓰임받는 나라가 되게 하소서.

서로 이간질하고 분열과 원망, 거짓과 불의,
외모지상주의와 세속주의를 부추기는 악한 영을
예수 그리스도의 이름과 그 권세의 힘으로 물리쳐 주소서.

차별하고 억압하고 착취하는 외형주의 시스템이
서로 협력하고 우애 배려하는 인격 시스템으로 변화되게 하소서.

하나님의 공의와 정의가 강물처럼 흐르게 하시고
예수 그리스도의 복음의 물결이 파도처럼 흐르게 하소서.

위정자와 백성들이 함께 의의 진리를 사모하고
하나님의 영광을 드러내는 산 제사의 삶을 드리게 하소서.

탈북자들을 위한 기도

사랑의 주님이시여,
조국땅에 그 험난한 시간들을 흘러보내고
살아가는 탈북자들을 기억해 주소서.

탈북자들의 가슴에 묻혀 있는 아픔과 상처를 치료하소서.
그들과 그 가족이 겪은 고초를 기억하시고 위로하소서.

저들 중에는 가까운 가족들을 다 잃어버리고
아무에게도 위로받을 수 없고
아무에게도 사랑받을 수 없는
처절한 외로움과 빈곤 속에서 허덕이는 자들에게
주님께서 친히 다가와 주시고
주님께서 친히 위로해 주시고
주님께서 친히 저들을 품어주소서.

저들이 살아가는 길은 평탄치 않습니다.
저들에게 일용할 양식을 주시고
필요한 건강도 직업도 주시고
또 무엇보다도 북한에 남아 있는 사람들,
그들을 눈동자 같이 보호해 주시고 은혜를 베풀어주소서.

북한을 위해 기도하는 여러 선교 단체들을 위로하시고
이 땅에 가난한 자와 약자, 고아와 과부, 북한의 가여운 영혼들을

위해 애타게 기도하는 기도의 소원들을 들어주시고
긍휼과 위로의 은혜를 베풀어 주소서.

탈북자들의 인권과 믿음,
그리고 필요로 하는 모든 부분들을 공급해주시고
크신 긍휼을 베풀어주소서.

중국 땅에 유리방황하는 30만 이상의 탈북자들도 복음화되어,
그들을 통해 북한 선교의 기회로 삼게 하소서.

북한을 위한 기도

사랑하는 주님이시여,
북녘땅에는 지금 시간도 억압받고 신음하는 영혼들이 많습니다.
그런 고통을 알고서도 그들을 위해서
기도하지 못한 죄를 용서해 주소서.
그들이 얼마나 힘들게 살아가고 있는지를 알게 하시고
그들이 지하 골방에서 얼마나 애통해 하는지 알게 하소서.

그들이 속히 복음의 참 빛을 얻어 참자유와 은혜를 얻어
하나님을 드높이며 하늘의 희락을 가지고 살게 하소서.
평양에 찬송소리가 울려 퍼지고 하나님의 백성들이
주를 높이던 때를 기억해 주소서.
다시금 평양으로부터 신의주, 함흥까지 모든 지역에
찬송소리가 울려 퍼지는 은혜의 때를 허락해 주소서.
정치적 억압에서 완전히 해방시켜 주시고
무너진 예배당들이 복원되고,
사라진 복음의 계절이 다시금 꽃피게 하소서.

한국의 큰 부흥의 역사가 일어났던 평양시내에
초대교회의 영혼구원과 부흥의 새 역사가 일어나도록
먼저 자유 속에 살고 있는 저희들이
산고의 기도와 수고를 하게 하소서.
5만여 한국교회가 힘을 모아 기도하며
북한의 영혼들이 흘리는 눈물을 늘 기억하게 하소서.

세계에 유래 없는 정치적 박해와 가난의 고통,
질병의 고통 중에 신음하는 저들을 기억해 주시고
이제 그 고통에서 은혜와 긍휼을 베푸소서.
심각한 식량난에 허덕이는 650만 명의
북한 동포들을 기억해 주시고,
특히 북한에 있는 극빈층 아이들을 기억해 주시고

박해 속에서 신앙을 지켜오고 있는
북한 지하교회 성도들을 기억해 주소서.

저희들이 기도에 충분히 힘쓰지 못하여 너무 죄송합니다.
해방 전에 있었던 3,040여 개 북한 교회가
다 무너져 훼파되었음에도 저희들이 무관심하여
아직도 복원하지 못한 허물을 용서하소서.
저희들이 기도에 게을리 한 죄를 용서하여 주소서.
10만 기독교인들이 신앙 때문에 수용소에 갇혀
참혹한 생활을 하는데도 방관하며 무관심했던
저희들의 잘못을 용서하여 주소서.
이제 지하교회의 성도들을 위로하시고
신앙의 자유의 때를 기다리고 있사오니
그런 희년의 때를 속히 허락해 주소서.

북한의 영혼들을 위해서 끊임없이 기도하며 사랑하게 하시고,
정치적 자유와 신앙의 자유를 주셔서
저들의 입술에서 하나님을 높이는 찬양의 소리가
온 강산에 들려오게 하소서.
슬픔의 옷은 희락의 옷으로 바꾸어주시고,
두려움의 옷은 평안의 옷으로 바꾸어주시고,
절망의 옷은 소망의 옷으로 바꾸어주소서.

한국교회를 위한 기도

사랑의 주님이시여,
저희 한국교회를 버리지 않으시고 허물 가운데서도
지금까지 지켜주신 것 감사드립니다.

주님께서 많은 경고를 보여 주셨으나
교회가 진정한 회개의 자리로 나아가지 못하고
세속과 결탁하고, 정치와 결탁하고,
금권의 우상과 결탁한 모습들을 용서해 주시고
진리와 정의를 위한다고 하면서도
정녕 진리대로 살지 못한 부분을 용서하소서.

교회로서 빛과 진리를 드러내지 못하고
오히려 세상으로부터 손가락질을 받는
참담한 상황까지 나아간 죄들을 용서하여 주소서.

일제 강점기와 많은 시련들 가운데서도 우리의 선조들이
목숨을 걸고 지킨 신앙의 유산, 교회의 유산,
이제 그 아름다운 신앙의 모습, 다시 회복시켜 주소서.

기도의 산 제물이 되지 못하고 세상정치처럼
똑같이 이권으로 투쟁하는 어리석음을 용서하여 주소서.
많은 갈등과 분열로 상처를 주었던 이들을 용서하여 주소서.
우상 숭배한 죄, 분열의 죄, 개교회주의 죄를 용서하여 주소서.

진리로 무장하기보다 세상의 권력과 불의에
휩쓸린 죄를 용서하여 주소서.

해방을 주신 하나님의 은혜를 다시금 기억하게 하소서.
교회의 본질에 충실하지 못하고 숫자에만 욕심내어
세상적인 방식으로 영혼을 양육하려고 한 죄를 용서하여 주소서.

교회가 동네에 빛이 되고, 교회가 세상에 소금이 되고
교회가 사회에 순결의 능력이 되게 하여 주소서.
교회가 사회적으로 도덕적 주도권마저 잃어버리고,
개 교회 외적 성장에만 치우친 나머지 사랑과 섬김의 영성을
잃어버린 어리석음을 용서하여 주소서.

소외되고 가난한 이웃을 향해
가장 큰 계명인 사랑의 계명을 지키지 못한 죄를 용서하소서.
이 땅의 5만여 한국 교회가 다시금 회복되어
교회의 참된 복음의 능력이 드러나게 해 주소서.

이 땅에 사탄적인 세속적 문화가
하나님의 거룩한 문화로 정복되게 하시고
교회가 교회로서의 진정한 복음의 사명을 감당하여
조국을 건져내고 세계 영혼들을 건져내는 비전을 이루게 하소서.

한국교회가 조국을 위해 산고의 고통을 이겨내게 하시고,
어둠의 문화에 좌초된 민족의 영혼들을 기도의 함대로 건져내며,
하나님 나라의 복음으로 세상을 정복하게 하소서.

주님이시여,

한국 교회가 이제 다시금 회개의 열매를 맺게 하시고,

세계에 꿈과 희망을 주는 한국교회로 사용해 주시고,

북녘땅 영혼들을 살려내는 사명을 감당하게 하시고,

아시아 아프리카를 비롯하여 전세계에

놀라운 생명의 도구로 쓰임받게 해 주소서.

시대와 민족을 책임지는 교회가 되게 하시고,

조국에 새로운 생명의 바람을 일으키는 교회가 되게 하소서.

교회 지도자들에게 먼저 깨끗한 마음과 선한 양심,

거짓 없는 믿음으로 본을 보이게 하시고,

모든 성도들이 진정한 그리스도의 제자가 되어

예배가 살아나고, 도덕과 인격이 살아나고,

심령과 삶의 전영역이 살아나는 은혜를 베풀어주소서.

주님이시여,

한국교회의 허물을 용서하소서.

저희들의 허물과 죄를 용서하소서.

이 땅의 교회들을 고쳐 주소서.

이 땅의 교회들을 치료하소서.

이 땅의 교회에 새 에덴의 은혜를 베푸소서.

젖과 꿀이 흐르는 복음의 가나안 땅이 되게 하소서.

진정한 예배가 흐르게 하소서.

치유와 기적 이상으로 섬김의 사랑이 흘러넘치게 하소서.

세계 영혼들을 살리는 생명의 진원지가 되게 하소서.

해외 교회와 교포들을 위한 기도

하나님 아버지시여,
조국을 떠나 멀리 외국에서 나그네처럼 생활하는
해외 동포들을 기억해 주소서.
그들의 형편과 처지를 기억해 주시고
그들의 신앙과 삶을 복되게 인도하소서.

해외에서의 삶은 더욱 치열합니다.
힘겨운 문화충격 속에서도 이끌어주신 하나님께서
혹독한 경쟁 속에서도 승리의 길로 이끌어주소서.

해외 교회를 불쌍히 여겨주시며
해외 교회들이 더욱 건강하게 성장하게 하소서.

한 영혼을 위해 뿌리는 수고의 헌신과
복음의 열정, 인내의 시험 앞에서도 승리하게 하소서.

외롭고 어려운 상황에서도 복음의 줄을 놓지 않게 하시고
그 하늘의 사랑의 끈으로 서로 묶어지게 하소서.
하나님께서 세계 민족 위에 뛰어난 민족으로 사용하여 주소서.
하늘의 복음을 가지고 세계의 경쟁대열에서 승리를 얻게 하소서.

타민족 속에서도 짓밟히지 않게 하시고,
치열한 경쟁 속에서도 우뚝 설 수 있는 성공의 문도 예비하시고,

언어의 문도 열어주시고 교육과 사업의 문도 활짝 열어주소서.

무엇보다도 세계 곳곳에서 살아갈 때
복음의 능력을 안고 섬김의 본, 사랑의 본을 보이게 하시고
말씀의 능력, 신앙의 큰 능력을 부어주소서.

홀로이든 가족이든 어떤 상황에서도
하늘나라의 소망을 품고 담대하게 나아가게 하시며,
자녀들이 곁길로 가지 않도록 보호하소서.

조국을 위하여 매일 기도하게 하시고
조국의 교회를 위하여 기도할 때 응답하소서.
해외에서 요셉처럼 하나님의 의와 그 영광을 드러내며,
하나님이 함께 하시는 은총을 날마다 경험하며 살게 하소서.

세계 선교사들과 세계를 위한 기도

아버지 하나님이시여
전세계 선교사들을 기억하여 주소서.
전세계 영혼들을 기억하여 주소서.

5대양 6대주에 있는 모든 종족들을 기억하사
그들이 그리스도 앞에 돌아올 수 있도록 긍휼을 베푸소서.
이슬람, 불교, 힌두교, 공산권 등 모든 지역에
주의 생명의 은혜가 임하게 하여 주소서.

그 옛날 초기 선교사들의 눈물과 복음전파의 능력이
오늘날 다시금 회복되어 그 능력이 드러나게 해 주소서.
낙심하지 아니하고 복음의 씨를 뿌리게 하소서.

수십 억의 영혼들이 예수 그리스도의 복음을 알지 못한 채
어두움과 고통 가운데서 방황하고 있습니다.
하늘의 복음 바람이 그들에게 전해지게 하소서.
모두 예수 그리스도의 참 복음 앞에 돌아오게 하소서.
모든 이방 종파의 영혼들이
참 창조주 앞에 돌아오게 하시고
거짓 복음을 숭배하는 영혼들이
참 진리의 복음 앞에 돌아오게 하소서.

전세계 인구의 55%와 불신자의 75%가

아시아에 살고 있다고 하온데 이 사명을
한국교회와 한국선교사들이 잘 감당하게 하소서.

한국 선교사 2만여 명과 수십만의 세계 개신교 선교사들을
특별히 사용해 주시되 크신 복음의 능력을 덧입혀 주소서.
세계만방, 땅 끝까지 복음을 담대히 전하게 해주시고,
주님의 오심을 예비하며 진리로 무장하게 하여 주소서.

선교사들의 가족을 지켜 주시되
테러의 위험과 사고의 위험,
그리고 질병의 위험에서 건져 주소서.
세계 선교사들이 세운 교회가 성장하게 하시고,
그들이 머무는 곳이 복음의 성지가 될 수 있도록
선교사의 건강과 감당할 은혜의 능력을 부어주소서.

저자 홍일권 목사의 베스트 셀러

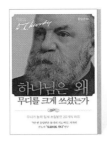

열정적 주님사모 기도

발   행 2016년 12월 20일

펴낸곳 푸른서울   **펴낸이** 김영훈

저   자 홍일권, 박에스더

기획총괄 구점수   **편   집** 이경준, 김귀숙, 송아람

디자인 김동환, 김보겸   **분해·제작** 푸른서울

등   록 제313-2010-161호

주   소 서울시 마포구 월드컵로 12길 (서교동)

문   의 02-3377-808

Copyright©2016 by 홍일권, 푸른서울

ISBN 978-89-94652-20-7